Vision y Valor

Evelyn Wright

Evelyn Wright

Indice

Visión del Producto Perfecto

Crear un producto perfecto es mucho más que simplemente tener una buena idea. Es un proceso que comienza con una visión clara y una profunda comprensión de las necesidades del cliente. El primer paso para lograrlo es hacerte las preguntas correctas: ¿Qué problema estás tratando de resolver? ¿Quién necesita esta solución? ¿Por qué este producto mejorará sus vidas? Estas preguntas parecen sencillas, pero responderlas con honestidad y detalle es lo que diferenciará tu producto de una simple idea a una verdadera solución de calidad. No se trata solo de lo que tú crees que el mercado necesita, sino de lo que realmente está buscando. La clave está en ponerte en los zapatos del cliente y pensar desde su perspectiva.

La visión de un producto perfecto no nace de la noche a la mañana. Requiere investigación, observación y, sobre todo, empatía. Un error común es asumir que el creador siempre sabe lo que es mejor. La realidad es que el éxito de un producto no está determinado por lo que te gusta a ti, sino por lo que resuena con el público. Un producto perfecto es aquel que no solo cumple con las expectativas, sino que las supera. Es anticiparse a las necesidades del cliente antes de que siquiera se dé cuenta de que las tiene. Y para ello, es esencial conocer al cliente mejor de lo que él mismo se conoce.

Piensa en las grandes empresas que han creado productos icónicos. Apple, por ejemplo, no solo lanzó un teléfono inteligente; reinventó la forma en que las personas interactúan con la tecnología. Netflix no solo creó una plataforma para ver películas; cambió la manera en que consumimos entretenimiento. Estos productos no son perfectos porque simplemente funcionan bien, son perfectos porque resuelven un problema de una manera tan única que se vuelven indispensables. Y esa es la clave. Para llegar a esa visión del producto perfecto, debes ir más allá de lo que ya existe. Innovar no significa solo hacer algo nuevo, sino hacerlo mejor, más eficiente y más satisfactorio para el cliente.

Un aspecto fundamental para lograr esa visión es no conformarte con lo obvio. Muchas veces, las soluciones más evidentes no son las mejores. La Innovación a menudo surge de cuestionar lo que parece incuestionable. Si todos los productos de tu categoría siguen un patrón, pregúntate por qué. ¿Es porque esa es la única forma de hacerlo o porque nadie se ha atrevido a hacer algo diferente? Atrévete a desafiar las normas. Las grandes innovaciones vienen de aquellos que no tienen miedo de pensar de manera diferente.

Otro factor importante es la simplicidad. El producto perfecto no es necesariamente el más complejo, sino el que ofrece una solución sencilla a un problema complicado. A menudo, los creadores de productos caen en la trampa de añadir características innecesarias, creyendo que más es mejor. Pero la realidad es que un exceso de características puede confundir al usuario y alejarlo de lo que realmente necesita. El producto perfecto se enfoca en lo esencial, en lo que realmente marca la diferencia. No se trata de cuántas funciones tiene, sino de cuán bien resuelve el problema para el que fue diseñado.

El perfeccionamiento de un producto también implica un proceso de prueba y error. Nadie logra la perfección en el primer intento. Es necesario lanzar prototipos, recibir retroalimentación, y hacer mejoras constantes. Aquí es donde entra en juego la paciencia y la persistencia. Cada fallo es una oportunidad para aprender, mejorar y acercarse más a esa visión del producto perfecto. No tengas miedo de equivocarte, porque cada error te dará una lección valiosa. Lo importante es tener la humildad para aceptar que siempre hay margen para mejorar.

Un último aspecto clave es la adaptabilidad. El mercado cambia, las necesidades del cliente evolucionan y lo que hoy es relevante, mañana podría no serlo. Por eso, la visión del producto perfecto debe ser flexible. No puedes crear algo con la mentalidad de que será eterno en su forma actual. Necesitas estar dispuesto a ajustarlo, mejorarlo y adaptarlo a los cambios en el entorno. La historia está llena de productos que fueron revolucionarios en su tiempo, pero que se quedaron obsoletos porque sus creadores no supieron adaptarse a las nuevas tendencias o tecnologías.

En resumen, la visión del producto perfecto no es solo una idea brillante. Es un compromiso constante con la innovación, la simplicidad y la satisfacción del cliente. Es entender que no se trata solo de lo que tú crees que es perfecto, sino de lo que realmente hace la vida del cliente más fácil, más eficiente o más placentera. Es un proceso que requiere empatía, paciencia y la capacidad de adaptarse. Solo entonces podrás acercarte a crear algo que no solo sea bueno, sino que sea verdaderamente perfecto en los ojos de quienes lo usarán.

Evelyn Wright

Diseño Para la Excelencia

Diseñar para la excelencia es uno de los pilares más importantes cuando se trata de crear un producto que realmente marque la diferencia. No es suficiente hacer algo que simplemente funcione; el objetivo debe ser crear algo que funcione de manera excepcional, que brinde una experiencia de uso única y que deje una impresión duradera en el cliente. El diseño no solo trata sobre la apariencia o la estética, aunque estos aspectos son importantes. El verdadero diseño para la excelencia involucra cada detalle, desde cómo se siente el producto en las manos del usuario hasta cómo se desempeña bajo condiciones exigentes. Todo debe estar alineado para ofrecer la mejor calidad posible.

El primer paso para diseñar un producto excelente es entender que el diseño no es solo una cuestión de creatividad, sino de resolver problemas. Un buen diseño empieza con una comprensión profunda del problema que se quiere resolver y de las expectativas del cliente. Esto significa que antes de empezar a crear cualquier boceto o prototipo, debes dedicar tiempo a investigar y analizar. ¿Cuáles son los puntos de dolor de tu cliente? ¿Cómo se puede hacer la vida más fácil para ellos? El diseño debe estar centrado en el usuario desde el principio, asegurando que cada decisión que tomes esté motivada por la intención de mejorar la experiencia del cliente.

Es aquí donde entra en juego el concepto de funcionalidad. Un producto puede ser hermoso, pero si no funciona de manera impecable, perderá su valor. La funcionalidad siempre debe ser prioritaria. Cada componente, cada pieza y cada detalle deben tener un propósito claro y mejorar el funcionamiento general del producto. Cuando piensas en un diseño funcional, debes preguntarte: ¿Cómo interactuará el usuario con este producto? ¿Qué tan intuitivo será? ¿Responde de manera eficiente a lo que el cliente necesita? Un producto excelente es aquel que el usuario puede empezar a utilizar casi sin leer un manual, porque su diseño es tan claro y lógico que la experiencia fluye de forma natural.

Otro aspecto esencial del diseño para la excelencia es la calidad de los materiales. No importa qué tan innovador o bien pensado sea el concepto si los materiales no están a la altura. Un diseño excelente debe estar respaldado por materiales de alta calidad que sean duraderos, sostenibles y que transmitan una sensación de valor. Piensa en cómo se siente un buen producto al tacto: los acabados suaves, las texturas agradables y el peso adecuado dan una sensación de robustez y confianza. No subestimes el poder de los pequeños detalles en el diseño. El tipo de material, la elección de colores y hasta la forma en que suena un botón al presionarlo pueden influir en la percepción de calidad del cliente.

Además de la funcionalidad y los materiales, el diseño para la excelencia también implica un enfoque en la simplicidad. A veces, menos es más. Un error común es sobrecargar el producto con características o elementos innecesarios que solo terminan complicando su uso. La simplicidad es el camino hacia la excelencia. Esto significa que debes ser capaz de destilar la esencia del producto, eliminando todo lo que no aporte valor real. Un buen diseño es claro, directo y evita distracciones. Cuando logras crear algo que es sencillo de usar, pero que al mismo tiempo ofrece una solución poderosa, estás alcanzando un nivel de excelencia que pocos productos logran.

La atención al detalle es otro aspecto clave en el diseño para la excelencia. Es fácil concentrarse en los elementos grandes y obvios, pero los pequeños detalles son los que realmente marcan la diferencia entre un producto bueno y uno excepcional. Cada ángulo, cada curva y cada interacción debe estar pensada con precisión. Desde la forma en que el producto se empaqueta hasta cómo se siente el usuario al abrirlo, todo forma parte de la experiencia. Los mejores productos son aquellos que sorprenden al cliente en cada paso, que ofrecen algo más de lo que se esperaba, y lo logran a través de un diseño cuidadoso y detallado.

No se puede hablar de diseño para la excelencia sin mencionar la sostenibilidad. En el mundo actual, donde el impacto ambiental es una preocupación creciente, el diseño también debe considerar su huella ecológica. Los productos que son diseñados teniendo en cuenta el medio ambiente no solo son mejores para el planeta, sino que también resuenan más con los consumidores conscientes. Utilizar materiales reciclables, reducir el desperdicio y crear productos que sean fáciles de reparar y no de desechar, son prácticas que deben estar integradas en el proceso de diseño. Un diseño excelente no solo satisface las necesidades inmediatas del cliente, sino que también tiene un impacto positivo a largo plazo.

Finalmente, el diseño para la excelencia no es un proceso que termina una vez que el producto llega al mercado. Es un ciclo continuo de mejora. Siempre habrá espacio para hacer ajustes, mejorar características y optimizar la experiencia del usuario. La retroalimentación del cliente es invaluable en este sentido. Debes estar abierto a escuchar lo que funciona y lo que no, y estar dispuesto a hacer cambios si es necesario. La excelencia no es algo que se logra de inmediato, sino que se construye con el tiempo, con esfuerzo y con un compromiso constante de mejorar.

En resumen, diseñar para la excelencia significa ir más allá de las expectativas. Es poner al usuario en el centro de cada decisión, enfocarse en la funcionalidad, la simplicidad, los materiales de calidad, la sostenibilidad y los detalles que realmente importan. Es un proceso que requiere dedicación, paciencia y una visión clara de lo que significa crear algo que no solo sea bueno, sino verdaderamente excelente. Cuando logras combinar todos estos elementos, el resultado es un producto que no solo cumple, sino que excede, y deja una impresión duradera en quienes lo usan.

Innovación y Diferenciación

La innovación y la diferenciación son dos conceptos fundamentales que todo creador de productos debe entender si quiere sobresalir en un mercado competitivo. Innovar no significa simplemente inventar algo nuevo, sino encontrar maneras creativas de mejorar lo que ya existe o de solucionar un problema de una forma distinta y más efectiva. Y la diferenciación, por su parte, es lo que hará que tu producto destaque frente a la competencia. En un mundo lleno de productos similares, la clave para triunfar es ofrecer algo que sea único, memorable y que agregue un valor real al cliente.

La innovación comienza con la capacidad de observar y cuestionar lo que otros dan por hecho. A menudo, las mejores ideas no surgen de inventar desde cero, sino de mejorar lo que ya está en el mercado. Piensa en grandes innovaciones de la historia: el automóvil no fue el primer medio de transporte, pero fue una mejora revolucionaria respecto a los caballos y carretas. El iPhone no fue el primer teléfono, pero cambió radicalmente la forma en que interactuamos con la tecnología. La innovación es ese cambio de perspectiva, esa capacidad de ver más allá de lo que es y visualizar lo que podría ser.

El primer paso para innovar es identificar un problema o una necesidad que no esté siendo atendida de la mejor manera. Los problemas están en todas partes; solo hace falta observar con atención. ¿Qué es lo que hace que la vida del cliente sea más difícil? ¿Qué frustraciones experimenta con los productos actuales? Estas preguntas son esenciales para encontrar puntos de partida para la innovación. No se trata solo de mejorar las características existentes, sino de pensar en formas completamente nuevas de resolver los problemas.

Una vez que has identificado una oportunidad para innovar, el siguiente desafío es diferenciar tu producto. Aquí es donde muchos se quedan cortos. No basta con ofrecer algo nuevo; tienes que asegurarte de que lo que estás ofreciendo es lo suficientemente distinto y valioso para que el cliente lo note. La diferenciación se basa en el principio de que, si tu producto es igual a todos los demás, los consumidores no tendrán razones para elegirte. Entonces, ¿qué puedes hacer para que tu producto no sea uno más en la estantería?

La diferenciación puede lograrse de muchas maneras. Una de las formas más efectivas es a través del diseño. Un producto que luce diferente, que se siente diferente y que se usa de manera diferente, automáticamente llamará la atención. Sin embargo, no se trata solo de estética; también se trata de la funcionalidad. Tu producto debe ser fácil de usar, intuitivo y, sobre todo, debe resolver un problema de manera más eficiente que cualquier otro en el mercado. Esa es la verdadera diferencia. El cliente no solo quiere algo que se vea bien, quiere algo que haga su vida mejor.

Otra forma de diferenciarse es a través de la experiencia del cliente. Esto va más allá del producto en sí. ¿Cómo es la experiencia desde el momento en que el cliente ve tu producto hasta que lo usa? Aquí es donde las marcas más exitosas realmente se destacan. Apple, por ejemplo, no solo vende teléfonos; vende una experiencia completa. Desde el diseño de sus tiendas hasta la facilidad para configurar un nuevo dispositivo, todo está pensado para que el cliente se sienta especial. Esa es una forma poderosa de diferenciación: crear una experiencia tan única que los clientes no quieran ir a otro lado.

La innovación y la diferenciación también requieren coraje. Muchas veces, innovar significa alejarse de lo que es seguro o probado. Significa tomar riesgos. Cuando decides hacer algo diferente, siempre existe la posibilidad de que no funcione como esperabas. Pero el miedo a fallar no debe detenerte. De hecho, los errores son parte del proceso de innovación. Cada fallo es una oportunidad para aprender y mejorar. Las empresas más innovadoras no temen equivocarse; ven cada error como un paso más hacia el éxito. Este enfoque de prueba y error es lo que finalmente lleva a las grandes innovaciones.

También es importante mencionar que la diferenciación no siempre tiene que ver con el producto en sí. A veces, es el modelo de negocio lo que te hace diferente. Netflix, por ejemplo, no inventó las películas o las series, pero cambió la manera en que las consumimos al ofrecer un modelo de suscripción en lugar de alquiler o compra. Uber no inventó el transporte, pero revolucionó la industria al crear una plataforma que conecta conductores con pasajeros de manera instantánea. Estos ejemplos muestran que no siempre tienes que inventar un nuevo producto para innovar. A veces, basta con cambiar la forma en que se ofrece o se distribuye.

La clave para la innovación y la diferenciación está en mantenerte siempre un paso adelante. El mercado no espera, y lo que hoy es innovador puede volverse obsoleto mañana. Por eso, es fundamental estar en constante evolución. La innovación no es algo que sucede una vez y ya está. Es un proceso continuo. Tienes que estar dispuesto a cuestionar constantemente lo que haces, a desafiar las normas y a buscar nuevas formas de mejorar. No puedes conformarte con el éxito actual; debes estar siempre buscando lo que sigue.

Otra parte esencial de la innovación es estar atento a las tendencias tecnológicas y sociales. El mundo está en constante cambio, y los productos que no se adaptan a estos cambios rápidamente se quedan atrás. Las empresas más innovadoras son aquellas que ven venir las tendencias antes que los demás. Ya sea el auge de la inteligencia artificial, la sostenibilidad o los cambios en el comportamiento del consumidor, siempre debes estar al tanto de lo que está sucediendo en el mundo. Esto te permitirá no solo mantenerte al día, sino también aprovechar nuevas oportunidades antes que la competencia.

En resumen, la innovación y la diferenciación son fundamentales para crear un producto que realmente destaque en el mercado. No se trata solo de hacer algo nuevo, sino de hacerlo mejor y de manera distinta. La clave es observar, identificar problemas, pensar de manera creativa y no tener miedo de tomar riesgos. La diferenciación, por su parte, asegura que tu producto sea único y memorable, ya sea a través de su diseño, su funcionalidad o la experiencia que ofrece al cliente. Innovar y diferenciarse es un proceso continuo que requiere esfuerzo, creatividad y, sobre todo, una visión clara de lo que quieres lograr. Cuando logras combinar estos elementos, el resultado es un producto que no solo tiene éxito en el mercado, sino que también deja una marca duradera en la mente de los consumidores.

La Voz del Cliente

Escuchar la voz del cliente es uno de los pilares más importantes para crear un producto de calidad y una empresa exitosa. Muchas veces, las empresas se enfocan en lo que creen que es mejor, en lugar de prestar atención a lo que realmente necesitan sus clientes. Y eso es un error. El cliente es quien usa el producto, quien vive la experiencia, y por lo tanto, tiene la mejor perspectiva sobre qué funciona y qué no. Ignorar su opinión es como caminar a ciegas, esperando que todo salga bien. Si quieres crear algo que de verdad sea útil, valioso y que resuene con el público, tienes que escuchar lo que ellos tienen que decir.

Pero escuchar la voz del cliente no es solo recopilar datos o hacer encuestas. Se trata de entender profundamente sus necesidades, deseos y frustraciones. Los clientes, en su día a día, encuentran pequeños problemas o inconvenientes que a menudo los diseñadores o los creadores del producto no prevén. Es por eso que su retroalimentación es tan valiosa: te permite ajustar, mejorar y perfeccionar tu producto para que realmente resuelva esos problemas. Escuchar a tus clientes te da una ventaja competitiva, porque te permite ofrecer algo que está más alineado con lo que realmente buscan.

Uno de los errores más comunes que cometen las empresas es asumir que conocen a sus clientes mejor de lo que ellos mismos se conocen. Pueden pensar que saben lo que les conviene, pero la realidad es que solo el cliente sabe lo que realmente le funciona. No es suficiente basarse en suposiciones o en lo que el equipo interno cree que es lo mejor. Las empresas que prosperan son aquellas que se toman el tiempo para escuchar, observar y aprender de sus clientes de manera constante. Esto no significa que debas cambiar tu visión o ceder ante todas las demandas, pero sí que debes ser flexible y estar dispuesto a hacer ajustes cuando sea necesario.

El proceso de escuchar a los clientes debe ser algo activo y constante. No basta con realizar una encuesta ocasional o revisar las reseñas en línea de vez en cuando. Tienes que establecer canales de comunicación abiertos y accesibles para que los clientes puedan expresar sus opiniones de manera continua. Esto puede ser a través de encuestas regulares, grupos de enfoque, análisis de comentarios en redes sociales, o incluso plataformas de retroalimentación específicas. Lo importante es que te asegures de que los clientes sepan que sus opiniones son valoradas y que estás dispuesto a actuar en base a ellas.

Uno de los grandes beneficios de escuchar la voz del cliente es que no solo te ayuda a mejorar tu producto, sino también a construir una relación más sólida con ellos. Los clientes se sienten valorados cuando ven que una empresa los escucha y toma en cuenta sus opiniones. Esto genera lealtad y confianza. Cuando los clientes sienten que son parte del proceso de creación o mejora del producto, es más probable que permanezcan fieles a la marca y que recomienden el producto a otros. En el fondo, las personas quieren sentir que son escuchadas y que sus opiniones importan. Darles esa oportunidad fortalece la relación entre la empresa y el cliente.

A veces, escuchar la voz del cliente puede llevar a descubrimientos sorprendentes. Tal vez los clientes usan tu producto de maneras que nunca habías imaginado, o tal vez tienen ideas para mejorar que jamás se te habrían ocurrido. Estas son oportunidades de oro para innovar y diferenciarte en el mercado. No subestimes el valor de la creatividad que pueden aportar los clientes. A menudo, son los que están en el "campo de batalla", utilizando el producto diariamente, quienes tienen las ideas más brillantes sobre cómo mejorarlo.

También es importante recordar que no todos los comentarios serán positivos, y eso está bien. Las críticas, aunque a veces pueden ser difíciles de escuchar, son una fuente invaluable de aprendizaje. En lugar de ignorarlas o tomarlas como algo personal, debes verlas como una oportunidad para mejorar. Si un cliente tiene una mala experiencia, pregúntate qué salió mal y cómo puedes solucionarlo. Las críticas te permiten ver los puntos débiles de tu producto o servicio y te dan la oportunidad de corregirlos antes de que afecten a más personas. De hecho, algunas de las mejores innovaciones y mejoras en productos han surgido a partir de las críticas de los clientes.

Sin embargo, escuchar la voz del cliente no significa que debas hacer cambios radicales cada vez que alguien lo sugiera. Debes ser capaz de equilibrar las opiniones del cliente con tu visión y la dirección que quieres tomar como empresa. A veces, los clientes pueden pedir cosas que, aunque parecen buenas en el corto plazo, no son sostenibles o alineadas con los valores a largo plazo de tu marca. Es aquí donde entra en juego tu criterio como líder. Escuchar es fundamental, pero debes ser capaz de filtrar y discernir qué comentarios realmente aportan valor y cuáles pueden ser contraproducentes.

Otro aspecto importante es la personalización. Al escuchar a tus clientes, puedes empezar a identificar patrones y tendencias en sus necesidades y preferencias. Esto te permite personalizar el producto o servicio de manera más efectiva. La personalización es una de las claves para hacer que los clientes sientan que el producto está hecho específicamente para ellos. No todos los clientes son iguales, y aunque no puedes personalizar cada detalle para cada persona, sí puedes ajustar ciertos aspectos para grupos de clientes con necesidades similares. Esta personalización puede ser la diferencia entre un cliente satisfecho y uno encantado.

Finalmente, escuchar a los clientes también te ayuda a adaptarte a los cambios del mercado. Las necesidades y expectativas de los consumidores cambian con el tiempo, y lo que funcionaba hace unos años puede no ser suficiente hoy. Si no estás prestando atención a lo que los clientes están diciendo, puedes quedarte atrás rápidamente. Los cambios en las tecnologías, las tendencias culturales o las prioridades de los consumidores pueden tener un gran impacto en lo que buscan en un producto o servicio. Mantenerte al tanto de sus opiniones te permite ser ágil y adaptarte a esos cambios de manera rápida y efectiva.

En conclusión, escuchar la voz del cliente es una de las mejores herramientas que tienes a tu disposición para crear un producto exitoso y una empresa que realmente se conecte con su público. No se trata solo de pedir opiniones, sino de aprender de ellas, adaptarte y mejorar continuamente. El cliente es el corazón de cualquier negocio, y sus opiniones son las que te guiarán para hacer algo que no solo sea bueno, sino excepcional. Cuando logras integrar esa retroalimentación en tu proceso de desarrollo, creas algo que no solo satisface una necesidad, sino que genera una conexión duradera y significativa con quienes lo usan.

El Camino Hacia la Calidad

El camino hacia la calidad es un viaje que toda empresa debe emprender si desea tener éxito y ganarse la confianza de sus clientes. La calidad no es algo que se alcanza de la noche a la mañana, ni es un objetivo que se logra una vez y luego se olvida. Es un compromiso constante que requiere esfuerzo, dedicación y atención a los detalles en cada paso del proceso. La calidad no solo define el producto o servicio que ofreces, sino también la reputación de tu marca y la relación que construyes con tus clientes. En pocas palabras, la calidad es la base sobre la cual se construyen las empresas exitosas.

El primer paso en el camino hacia la calidad es entender que esta no es negociable. En un mercado competitivo, los clientes tienen muchas opciones, y si tu producto no cumple con sus expectativas de calidad, es probable que se vayan con otra marca que sí lo haga. Por eso, desde el momento en que empiezas a desarrollar un producto, la calidad debe estar en el centro de cada decisión que tomes. No se trata solo de cumplir con los estándares mínimos, sino de ir más allá y asegurarte de que cada aspecto de tu producto sea lo mejor posible.

La calidad comienza con la planificación. Antes de siquiera poner manos a la obra, debes tener una visión clara de lo que quieres lograr. ¿Qué define a un producto de calidad en tu industria? ¿Cuáles son las expectativas de los clientes? Estas son preguntas clave que deben guiar tu proceso de diseño y producción. Una buena planificación implica pensar en cada detalle, desde los materiales que utilizarás hasta los procesos de fabricación. Si te tomas el tiempo para planificar bien desde el principio, estarás mucho más cerca de lograr un producto que realmente cumpla con los estándares de calidad que te has propuesto.

Otro aspecto importante en la búsqueda de la calidad es la elección de los materiales. Los materiales que utilizas tienen un impacto directo en la durabilidad, el funcionamiento y la apariencia de tu producto. No puedes esperar ofrecer un producto de alta calidad si estás utilizando materiales de baja calidad. Aquí es donde muchas empresas intentan ahorrar costos, pero es un error que puede salir caro a largo plazo. Invertir en buenos materiales es una de las mejores decisiones que puedes tomar si quieres crear un producto que realmente sobresalga en el mercado. Un producto bien hecho, con materiales sólidos, no solo tendrá una mejor vida útil, sino que también transmitirá confianza al cliente.

La fabricación también es un factor clave en el camino hacia la calidad. No importa cuán buenos sean tus materiales si el proceso de fabricación no está a la altura. Cada paso del proceso de producción debe estar controlado para garantizar que el producto final sea consistente y de alta calidad. Aquí es donde la precisión y la atención a los detalles juegan un papel fundamental. Las máquinas deben estar bien calibradas, los trabajadores deben estar capacitados, y los controles de calidad deben ser rigurosos. Cada pieza que sale de la línea de producción debe ser revisada cuidadosamente para asegurarse de que cumple con los estándares establecidos.

El control de calidad es, de hecho, una parte vital de este camino. No se trata solo de revisar el producto al final del proceso, sino de implementarlo en cada etapa del desarrollo y la producción. Los controles de calidad deben ser una práctica continua, desde la selección de los materiales hasta el ensamblaje final. Al hacer esto, no solo reduces la posibilidad de errores, sino que también te aseguras de que cualquier problema se detecte y se solucione antes de que llegue al cliente. Esto no solo protege la integridad de tu producto, sino también la reputación de tu empresa.

Sin embargo, la calidad no se limita al producto físico. También abarca el servicio al cliente, la experiencia de compra, el empaque y la entrega. Un cliente puede recibir el mejor producto del mundo, pero si su experiencia con la empresa es deficiente, es probable que no vuelva a comprarte. La calidad debe estar presente en todos los aspectos de tu negocio. El servicio al cliente debe ser rápido, eficiente y siempre enfocado en resolver problemas. El empaque debe proteger el producto adecuadamente y dar una impresión de profesionalismo y cuidado. Y la entrega debe ser rápida y sin complicaciones. Todos estos detalles suman a la percepción general de calidad que el cliente tiene de tu marca.

El camino hacia la calidad también requiere un enfoque en la mejora continua. No puedes quedarte sentado una vez que logras un cierto nivel de calidad. Siempre hay algo que se puede mejorar. Esto puede significar actualizar tus procesos de fabricación, mejorar los materiales, o incluso revisar el diseño del producto para hacerlo más eficiente. El mercado cambia, las expectativas de los clientes evolucionan, y la tecnología avanza. Si no estás dispuesto a adaptarte y mejorar constantemente, es probable que te quedes atrás. La calidad no es un destino, es un viaje que nunca termina.

Además, la calidad no solo se trata de lo que puedes medir o ver. También se trata de la experiencia subjetiva del cliente. ¿Cómo se siente cuando usa tu producto? ¿Le resulta fácil de usar? ¿Es agradable a la vista y al tacto? Estas son preguntas que van más allá de los números y los controles técnicos, pero son igualmente importantes. La calidad, en última instancia, es una combinación de factores tangibles e intangibles. Es una percepción general que el cliente tiene y que puede hacer o deshacer la reputación de tu producto.

Un aspecto que no se puede pasar por alto en el camino hacia la calidad es la cultura dentro de tu empresa. Si tus empleados no están comprometidos con la calidad, es difícil que logres productos que verdaderamente la reflejen. Debes crear una cultura donde todos, desde el director hasta el trabajador en la línea de producción, estén enfocados en hacer las cosas bien. Esto implica capacitación, comunicación constante y un ambiente de trabajo donde se valore la excelencia. Cuando cada miembro del equipo entiende la importancia de la calidad y está dispuesto a poner su parte, los resultados son tangibles.

Finalmente, la calidad es lo que construye confianza. Los clientes vuelven a comprar productos en los que confían, productos que saben que funcionan bien, que son duraderos y que cumplen con sus promesas. La calidad es lo que transforma a un cliente ocasional en un cliente leal. Y esa lealtad es lo que impulsa el crecimiento a largo plazo de cualquier empresa. No subestimes el poder de un producto bien hecho. Las recomendaciones, las opiniones positivas y la buena reputación se construyen sobre la base de la calidad, y todo eso, a su vez, se traduce en ventas, éxito y crecimiento sostenido.

En resumen, el camino hacia la calidad es un proceso continuo que abarca desde la planificación inicial hasta la experiencia del cliente después de la compra. No se trata solo de hacer las cosas bien una vez, sino de hacerlo siempre, en cada etapa y en cada detalle. La calidad es lo que diferencia a las grandes empresas de las mediocres, y es lo que hace que los clientes confíen y vuelvan una y otra vez. Si te comprometes a seguir este camino, no solo tendrás un producto exitoso, sino también una marca que se gane el respeto y la lealtad de sus clientes.

Control de Calidad y Excelencia Operacional

El control de calidad y la excelencia operacional son dos conceptos que van de la mano cuando se trata de garantizar que un producto o servicio cumpla con los más altos estándares. Estos elementos no solo se enfocan en el resultado final, sino que abarcan cada paso del proceso, desde la adquisición de materias primas hasta la entrega del producto terminado al cliente. Alcanzar la excelencia operacional significa optimizar cada fase de producción y gestión, mientras que el control de calidad se asegura de que lo que ofreces cumple con las expectativas, tanto internas como externas. Juntos, son la clave para ofrecer un producto impecable, fiable y que gane la confianza de tus clientes.

El control de calidad es esencial porque establece un sistema de vigilancia constante durante el proceso de producción. No basta con tener buenos materiales o un diseño innovador si no garantizas que, al final del proceso, todo esté en orden. Este control implica revisar cada detalle, detectar errores antes de que lleguen al cliente, y asegurarse de que todos los productos cumplan con las especificaciones establecidas. En la práctica, esto significa realizar pruebas periódicas y análisis detallados en distintos puntos de la cadena de producción. Si alguna pieza no pasa los controles, se debe corregir de inmediato para evitar que los fallos se multipliquen.

Implementar un buen sistema de control de calidad no solo reduce los defectos, sino que también te ahorra tiempo y dinero a largo plazo. Aunque pueda parecer que añadir pruebas y controles en cada etapa del proceso aumenta los costos, la realidad es que previene problemas mayores más adelante. Piensa en la cantidad de recursos que se desperdiciarían si un producto defectuoso llegara al mercado. No solo perderías dinero en devoluciones y reparaciones, sino también en reputación. La confianza de los clientes es frágil, y un error que podría haberse prevenido puede afectar tu marca de manera duradera. Por eso, el control de calidad no es un gasto, sino una inversión inteligente.

Además, el control de calidad no es solo responsabilidad del departamento de producción. Cada empleado debe sentirse responsable de garantizar que los estándares de calidad se cumplan en todo momento. Desde los trabajadores en la línea de ensamblaje hasta los gerentes, todos tienen un rol en este proceso. Aquí es donde la cultura empresarial juega un papel crucial. Si la calidad es parte del ADN de tu empresa, entonces cada persona entenderá la importancia de su trabajo dentro del gran esquema. Cuando todos los miembros de la organización están alineados con el objetivo de entregar productos de alta calidad, es mucho más probable que el resultado final sea excelente.

La excelencia operacional es el siguiente paso en este proceso. Se trata de llevar la eficiencia y la calidad a un nivel superior. A diferencia del control de calidad, que se enfoca en la revisión y el aseguramiento de que el producto cumple con los estándares, la excelencia operacional busca optimizar cada parte del sistema. Esto significa eliminar desperdicios, mejorar los tiempos de producción, reducir los errores y hacer que todo funcione de manera más ágil y eficaz. La excelencia operacional implica analizar cada proceso y preguntarse: "¿Cómo podemos hacerlo mejor?" No es simplemente cumplir con las expectativas, sino superarlas.

Alcanzar la excelencia operacional requiere un enfoque estratégico y una mentalidad de mejora continua. No se trata de hacer cambios drásticos de un día para otro, sino de ir ajustando y perfeccionando cada área, paso a paso. Aquí es importante usar herramientas de análisis y gestión como Lean Manufacturing o Seis Sigma, que ayudan a identificar ineficiencias y a encontrar soluciones basadas en datos. Estas metodologías proporcionan un enfoque sistemático para mejorar procesos, eliminando aquello que no agrega valor y maximizando el rendimiento. El objetivo es hacer que todo el sistema sea más eficiente, sin comprometer la calidad.

En la búsqueda de la excelencia operacional, la tecnología juega un papel clave. Las empresas que se destacan en esta área suelen integrar sistemas automatizados y software de gestión que les permite tener un mayor control sobre cada aspecto de la producción. La tecnología no solo acelera los procesos, sino que también reduce el margen de error, ya que las máquinas tienden a ser más precisas y consistentes que los humanos en ciertas tareas. Sin embargo, es importante que la tecnología no reemplace la supervisión humana. Los sistemas automatizados deben trabajar de la mano con las personas para garantizar que todo esté funcionando como debería.

Uno de los principios fundamentales de la excelencia operacional es la mejora continua. No basta con alcanzar un nivel alto de eficiencia y calidad, sino que siempre hay que buscar maneras de mejorar. Incluso cuando un sistema parece funcionar bien, siempre hay áreas que pueden ser optimizadas. Este enfoque preventivo evita que los problemas se acumulen y permite que tu empresa se mantenga competitiva en un mercado en constante cambio. Los clientes no solo valoran la calidad, sino también la innovación. Y una empresa que está constantemente mejorando sus procesos está mejor posicionada para adaptarse y ofrecer productos cada vez mejores.

Un aspecto que a menudo se pasa por alto cuando se habla de control de calidad y excelencia operacional es el impacto que estos tienen en la satisfacción del cliente. Al garantizar que los productos sean consistentes, confiables y estén bien hechos, estás construyendo una relación de confianza con tus clientes. Saben que pueden contar con tu marca para entregar lo que prometes. Además, cuando una empresa es excelente en su operación, los tiempos de entrega son más rápidos, los precios suelen ser más competitivos y la experiencia general del cliente mejora. Todo esto se traduce en lealtad y recomendaciones, que son cruciales para el crecimiento a largo plazo.

Otro beneficio importante de la excelencia operacional es la reducción de costos. Al optimizar los procesos y eliminar ineficiencias, es posible producir más con menos recursos. Esto no solo mejora la rentabilidad, sino que también te permite ofrecer productos de mayor calidad a precios más competitivos. Y en un mercado donde los consumidores buscan el mejor valor por su dinero, este es un gran diferenciador. La excelencia operacional te da una ventaja competitiva que es difícil de igualar por aquellas empresas que no invierten en mejorar continuamente sus operaciones.

Finalmente, es importante entender que tanto el control de calidad como la excelencia operacional son procesos que requieren compromiso a largo plazo. No se trata de implementar un sistema y luego olvidarse de él. Debes estar constantemente revisando, ajustando y mejorando. El mercado cambia, las tecnologías avanzan y las expectativas de los clientes evolucionan. Si no estás dispuesto a adaptarte y a buscar la mejora continua, te quedarás atrás. Las empresas más exitosas son aquellas que nunca dejan de buscar maneras de ser mejores, más eficientes y más relevantes para sus clientes.

En conclusión, el control de calidad y la excelencia operacional son dos caras de la misma moneda. Mientras que el control de calidad se asegura de que tu producto cumpla con los estándares y expectativas, la excelencia operacional garantiza que todo el sistema funcione de manera óptima. Juntos, forman la base de un negocio que no solo es eficiente y rentable, sino también confiable y capaz de ofrecer productos que realmente marcan la diferencia en la vida de los clientes. Si quieres construir una empresa exitosa a largo plazo, estos dos principios deben estar en el centro de tu estrategia.

Evelyn Wright

El ADN de una Empresa con Propósito

El ADN de una empresa con propósito es lo que la define más allá de su producto o servicio. Es esa esencia interna que guía cada decisión, cada acción y cada interacción, tanto con los clientes como con los empleados y la sociedad en general. Mientras muchas empresas se enfocan exclusivamente en las ganancias, una empresa con propósito tiene una misión más profunda. No solo busca obtener beneficios, sino también generar un impacto positivo en el mundo. Este propósito se convierte en el motor que impulsa a la empresa, le da un sentido de dirección y la conecta emocionalmente con las personas que interactúan con ella.

Para construir una empresa con propósito, lo primero que debes hacer es definir claramente cuál es tu misión. Esta no puede ser simplemente una declaración vacía, escrita para adornar las paredes de la oficina o figurar en el sitio web. Tiene que ser una misión auténtica, algo que realmente represente los valores y principios en los que crees como empresario. El propósito debe ir más allá de la idea de vender productos o servicios. Debe responder a una pregunta fundamental: ¿cómo contribuye tu empresa a mejorar la vida de las personas o del planeta? La respuesta a esta pregunta es el corazón del ADN de tu empresa con propósito.

Un ejemplo claro de una empresa con propósito es aquella que busca resolver un problema social o ambiental a través de sus productos. Imagina una empresa que fabrica productos de limpieza ecológicos. Su propósito no es solo limpiar hogares y oficinas, sino hacerlo de manera que se minimice el impacto ambiental. Esta empresa tiene un propósito que está alineado con una causa mayor: proteger el medio ambiente. A través de sus productos, educa a los consumidores sobre el daño que los productos tradicionales pueden causar al ecosistema, y les ofrece una alternativa que no solo cumple su función, sino que también contribuye a la preservación del planeta. En este caso, el propósito se convierte en la razón de ser de la empresa, y eso es lo que la distingue de otras empresas del mismo sector.

El propósito debe estar presente en cada rincón de la organización, desde las decisiones más grandes hasta los pequeños detalles del día a día. No es suficiente con tener una buena intención o una bonita frase en tu misión. El propósito tiene que reflejarse en las acciones concretas. Una empresa con propósito cuida a sus empleados, ofrece condiciones de trabajo justas y promueve el bienestar dentro de su equipo. Los empleados son los primeros embajadores de la misión, y si ellos no sienten que la empresa está comprometida con ese propósito, es probable que esa misión no se vea reflejada hacia afuera. Por eso, es fundamental que todos los niveles de la empresa estén alineados con esa misión y que se sientan parte de algo más grande.

Otro aspecto clave del ADN de una empresa con propósito es la transparencia. Las empresas que realmente tienen un propósito no tienen nada que ocultar. Son honestas y claras en cuanto a sus prácticas, sus metas y los desafíos que enfrentan. Esta transparencia genera confianza tanto dentro como fuera de la organización. Los clientes valoran la honestidad, y si una empresa es abierta sobre sus esfuerzos por cumplir con su propósito, incluso cuando enfrenta dificultades, es mucho más probable que los consumidores se sientan conectados emocionalmente con la marca. Además, esta transparencia también ayuda a establecer relaciones más fuertes con socios y proveedores que comparten los mismos valores.

Una empresa con propósito también sabe que su éxito no se mide solo en términos de beneficios financieros. Claro que las ganancias son importantes para la sostenibilidad de cualquier negocio, pero una empresa con propósito mide su éxito de manera más amplia. El impacto social o ambiental que genera es igualmente relevante. Esta mentalidad cambia la manera en que se establecen los objetivos y se toman las decisiones. En lugar de solo buscar maximizar las ganancias a corto plazo, la empresa busca equilibrar sus logros económicos con su contribución positiva al mundo. El éxito se mide en el impacto que se tiene en las vidas de los clientes, en las comunidades donde opera la empresa, y en el planeta.

El propósito también tiene el poder de crear una conexión profunda entre la empresa y sus clientes. En un mundo donde los consumidores tienen cada vez más opciones, el propósito se convierte en un factor diferenciador. Las personas no solo quieren comprar un producto; quieren apoyar a empresas que se alineen con sus valores. Cuando una empresa tiene un propósito claro y genuino, atrae a clientes que comparten esos ideales. Esto no solo fortalece la lealtad del cliente, sino que también transforma la relación entre la empresa y el consumidor en algo más que una simple transacción. Se convierte en una comunidad de personas que trabajan juntas por un objetivo común.

Pero el propósito no debe ser algo estático. A medida que el mundo cambia y surgen nuevos desafíos, las empresas también deben adaptarse. El propósito debe ser flexible, permitiendo que la empresa evolucione sin perder su esencia. Esto no significa que la misión deba cambiar radicalmente, pero sí que la empresa debe estar dispuesta a ajustar sus enfoques y estrategias para seguir siendo relevante en un entorno en constante cambio. Una empresa con propósito es resiliente porque está impulsada por una misión más grande que ella misma. Esta misión le da la fortaleza para superar obstáculos y adaptarse a nuevas realidades.

Además, el propósito no es algo que solo beneficie a la empresa. También tiene un impacto significativo en las personas que trabajan en ella. Cuando los empleados sienten que son parte de algo con sentido, su motivación y satisfacción laboral aumentan. No es lo mismo trabajar para una empresa cuyo único objetivo es generar ganancias que para una empresa que tiene un propósito más elevado. Cuando los empleados ven que su trabajo contribuye a una causa mayor, sienten un mayor sentido de orgullo y pertenencia. Esto, a su vez, se traduce en un equipo más comprometido y productivo. El propósito no solo mejora la relación con los clientes, sino también con los empleados, creando un ambiente de trabajo más positivo y satisfactorio.

En definitiva, el ADN de una empresa con propósito es mucho más que un eslogan o una estrategia de marketing. Es una forma de hacer negocios que coloca a las personas, el planeta y el bienestar social en el centro de sus decisiones. Es un compromiso constante con algo más grande que las ganancias, una forma de contribuir positivamente al mundo mientras se construye una empresa exitosa. Una empresa con propósito es consciente de su impacto y está decidida a usar su influencia para generar un cambio real. Es una empresa que inspira, que crea conexiones genuinas y que, en última instancia, deja una huella duradera en la sociedad.

Construir una empresa con propósito requiere tiempo, esfuerzo y dedicación, pero los beneficios son incalculables. No solo estarás creando una empresa más fuerte y resistente, sino también una que realmente haga una diferencia en el mundo. Y ese es el tipo de legado que vale la pena dejar. Una empresa con propósito no solo sobrevive; prospera, porque está conectada a algo mucho más profundo que los números en un balance. Está conectada con la humanidad y con la necesidad de construir un futuro mejor para todos.

El Rol del Liderazgo Inspirador

El rol del liderazgo inspirador es crucial para el éxito de cualquier empresa, especialmente si esta se define por un propósito que va más allá de las ganancias. Un líder inspirador no es simplemente alguien que da órdenes o toma decisiones importantes. Es alguien que guía, motiva y, sobre todo, inspira a las personas que lo rodean. Este tipo de liderazgo no se trata de imponer poder, sino de generar un ambiente donde las personas quieran dar lo mejor de sí mismas, no porque se les obliga, sino porque se sienten parte de algo más grande.

Un líder inspirador tiene la capacidad de comunicar una visión clara y convincente. Esta visión no solo debe ser realista y alcanzable, sino también emocionante. Debe resonar con el equipo y alinearse con los valores de la empresa. Cuando un líder es capaz de articular de manera efectiva hacia dónde se dirige la empresa y por qué es importante, los empleados no solo entienden lo que se espera de ellos, sino que también se sienten motivados a trabajar con pasión. La visión les da un sentido de dirección, algo por lo cual luchar, y les ayuda a ver cómo sus esfuerzos contribuyen al éxito de la organización.

Sin embargo, la inspiración no solo se trata de hablar bonito o dar discursos emocionantes. Un líder inspirador predica con el ejemplo. Esto significa que sus acciones deben estar alineadas con sus palabras. No hay nada más desmotivador para un equipo que ver a su líder actuar de manera contraria a lo que predica. Si un líder habla de compromiso, pero no se muestra comprometido; o si habla de ética, pero toma decisiones cuestionables, rápidamente perderá la confianza y el respeto de su equipo. En cambio, cuando un líder actúa de manera coherente con los valores de la empresa y con la visión que ha comunicado, se gana el respeto y la lealtad de sus empleados. La coherencia entre palabra y acción es clave para un liderazgo inspirador.

La empatía es otra característica fundamental en un líder inspirador. Un buen líder sabe que su equipo está compuesto por personas con diferentes necesidades, emociones y situaciones. Ser empático significa ser capaz de ponerse en el lugar de los demás, entender sus desafíos y ofrecer apoyo cuando sea necesario. Un líder que muestra empatía crea un ambiente de trabajo más humano, donde los empleados se sienten valorados no solo por lo que hacen, sino también por quienes son. Este tipo de conexión emocional no solo mejora la moral del equipo, sino que también fortalece el compromiso y la lealtad hacia la empresa.

Otro aspecto importante del liderazgo inspirador es la capacidad de fomentar la confianza. Sin confianza, no puede haber un verdadero liderazgo. Los empleados deben sentir que pueden confiar en su líder, no solo para tomar decisiones sabias, sino también para ser honestos y transparentes. Un líder que es abierto y sincero, incluso en tiempos difíciles, genera una base sólida de confianza. La confianza es el pegamento que mantiene unido a un equipo, especialmente en momentos de incertidumbre o cambio. Y cuando los empleados confían en su líder, es mucho más probable que se mantengan comprometidos y dispuestos a dar lo mejor de sí mismos.

Además, un líder inspirador fomenta la colaboración y el trabajo en equipo. No se trata de ser una figura central que toma todas las decisiones y lleva todo el peso sobre sus hombros. Al contrario, un buen líder sabe que el éxito no depende de una sola persona, sino del esfuerzo colectivo. Fomenta un ambiente donde las ideas fluyan libremente, donde se valore la diversidad de pensamiento y donde cada miembro del equipo tenga la oportunidad de contribuir. Un líder inspirador no tiene miedo de rodearse de personas talentosas y de permitirles brillar. De hecho, al empoderar a su equipo y darle la libertad de tomar decisiones, el líder fortalece la cohesión y la creatividad del grupo.

La capacidad de un líder para gestionar el cambio es también un componente vital del liderazgo inspirador. Vivimos en un mundo que está en constante evolución, y las empresas deben adaptarse rápidamente para mantenerse competitivas. Un líder que puede guiar a su equipo a través del cambio, manteniéndolos enfocados y motivados, es invaluable. Sin embargo, gestionar el cambio no significa imponerlo de manera abrupta. Un líder inspirador entiende que el cambio puede generar ansiedad y resistencia, por lo que se asegura de comunicar claramente por qué es necesario y cómo beneficiará a la empresa y al equipo a largo plazo. Además, ofrece apoyo durante la transición y está disponible para resolver dudas o inquietudes. De esta manera, el equipo se siente más seguro y preparado para enfrentar los nuevos desafíos.

Un líder inspirador también debe ser un excelente comunicador. La comunicación clara, abierta y honesta es esencial para construir un ambiente de trabajo positivo y productivo. Un líder que comunica de manera efectiva asegura que todos en el equipo comprendan no solo sus responsabilidades, sino también cómo su trabajo se conecta con los objetivos generales de la empresa. Además, la comunicación abierta fomenta la retroalimentación bidireccional. Un buen líder no solo habla, sino que también escucha. Valora las opiniones y sugerencias de su equipo, y está dispuesto a hacer ajustes cuando sea necesario. Esta capacidad de escuchar no solo mejora las relaciones dentro del equipo, sino que también lleva a mejores decisiones y soluciones más creativas.

La resiliencia es otra cualidad importante en un líder inspirador. Los líderes enfrentan constantemente desafíos, tanto internos como externos, y la capacidad de recuperarse de los contratiempos es esencial. Un líder que muestra resiliencia no se deja abatir por los fracasos o dificultades. Al contrario, los ve como oportunidades para aprender y mejorar. Esta actitud positiva y proactiva inspira a su equipo a hacer lo mismo. Cuando los empleados ven a su líder mantenerse firme y optimista en medio de la adversidad, es más probable que ellos también adopten una mentalidad resiliente. La resiliencia es contagiosa, y un líder inspirador la transmite a todo su equipo.

Además, un líder inspirador reconoce y celebra los logros, tanto grandes como pequeños. El reconocimiento es una herramienta poderosa para mantener al equipo motivado. No se trata solo de recompensas económicas o bonos. A veces, un simple agradecimiento sincero o un reconocimiento público puede tener un impacto mucho más profundo. Los empleados que se sienten valorados y apreciados por su trabajo están más comprometidos y son más productivos. Un líder que se toma el tiempo para reconocer el esfuerzo de su equipo crea un ambiente positivo donde las personas se sienten motivadas a seguir dando lo mejor de sí mismas.

Finalmente, un líder inspirador tiene un compromiso genuino con el crecimiento y desarrollo de su equipo. No ve a sus empleados como simples recursos, sino como personas con potencial. Se asegura de proporcionar oportunidades de desarrollo, ya sea a través de capacitación, mentoría o nuevos desafíos. Un buen líder invierte en el crecimiento de su equipo porque sabe que cuando los empleados crecen, también crece la empresa. Al fomentar un ambiente donde el aprendizaje y el desarrollo son prioritarios, el líder no solo inspira a su equipo a mejorar continuamente, sino que también fortalece la capacidad de la empresa para innovar y adaptarse a los cambios.

En resumen, el liderazgo inspirador es mucho más que tomar decisiones y dirigir a un equipo. Es la capacidad de motivar, guiar y empoderar a las personas para que den lo mejor de sí mismas. Un líder inspirador es aquel que comunica una visión clara, actúa con integridad, muestra empatía, fomenta la colaboración y la confianza, y gestiona el cambio de manera efectiva. Es alguien que no solo busca el éxito de la empresa, sino también el bienestar y crecimiento de su equipo. En un mundo empresarial cada vez más competitivo, el liderazgo inspirador se convierte en una ventaja clave para crear organizaciones que no solo sobreviven, sino que prosperan y generan un impacto positivo en sus empleados y en la sociedad.

Empresas que Trascienden

Las empresas que trascienden son aquellas que van más allá de simplemente cumplir con su función básica de vender productos o servicios. Son las que dejan una huella profunda en la sociedad, las que se mantienen relevantes a lo largo del tiempo y las que logran ser recordadas por generaciones. Estas empresas no solo se enfocan en los resultados financieros, sino que también tienen un propósito más amplio que las impulsa a mejorar el mundo de alguna manera. En un mercado donde muchas empresas vienen y van, las que logran trascender lo hacen porque han sabido conectar con algo más profundo: con las personas, con la sociedad, y con los valores que realmente importan.

Para que una empresa trascienda, lo primero que debe hacer es definir claramente su propósito. Este propósito debe ir más allá de simplemente ganar dinero. Claro, las ganancias son importantes, pero una empresa que trasciende no se centra únicamente en eso. Estas empresas se preguntan: ¿qué valor estamos aportando al mundo? ¿Cómo estamos haciendo la vida de nuestros clientes mejor? Las respuestas a estas preguntas forman el núcleo de su propósito. Una vez que ese propósito está definido, se convierte en la brújula que guía todas sus decisiones. Ya sea la creación de nuevos productos, la manera en que tratan a sus empleados, o cómo interactúan con sus clientes, todo está alineado con ese propósito.

Las empresas que trascienden también son las que entienden que su éxito depende de las relaciones que construyen. No se trata solo de vender productos y servicios, sino de crear conexiones genuinas con las personas. Estas empresas se enfocan en construir relaciones a largo plazo con sus clientes, empleados y comunidades. Saben que una relación basada en la confianza y en el respeto es mucho más valiosa que una transacción rápida. Esta conexión humana es lo que les permite trascender y mantenerse relevantes en un mundo que cambia constantemente. Las empresas que trascienden escuchan a sus clientes, valoran sus opiniones y se adaptan a sus necesidades.

La innovación también juega un papel crucial en la trascendencia de una empresa. Las empresas que trascienden no se quedan estancadas en una sola fórmula de éxito. Entienden que el mundo está en constante cambio, y están dispuestas a evolucionar con él. La innovación no siempre significa crear algo completamente nuevo, puede ser mejorar lo que ya existe, adaptarlo a las nuevas realidades o encontrar maneras más eficientes de hacer las cosas. Las empresas que trascienden están constantemente buscando formas de mejorar, ya sea en sus productos, en sus procesos o en su manera de operar. Esta mentalidad de mejora continua les permite mantenerse a la vanguardia y seguir siendo relevantes, incluso cuando el mercado cambia.

Otra característica clave de las empresas que trascienden es que tienen un fuerte sentido de responsabilidad social. Estas empresas no solo se preocupan por sus propios beneficios, sino que también se preocupan por el impacto que tienen en la sociedad y en el medio ambiente. Entienden que forman parte de un ecosistema más grande y que sus acciones tienen consecuencias. Las empresas que trascienden son aquellas que se comprometen a hacer lo correcto, incluso cuando no es lo más fácil o lo más rentable a corto plazo. Este compromiso con el bien común no solo les ayuda a ganar la lealtad de sus clientes, sino que también les da una razón de ser que trasciende el tiempo.

Además, las empresas que trascienden entienden la importancia de adaptarse al cambio sin perder su esencia. El mundo empresarial está en constante evolución, y las empresas que no logran adaptarse corren el riesgo de quedar atrás. Pero adaptarse no significa abandonar lo que las hace únicas. Las empresas que trascienden encuentran la manera de mantenerse fieles a sus valores fundamentales mientras navegan por los cambios del mercado, las nuevas tecnologías y las demandas cambiantes de los consumidores. Esta flexibilidad es lo que les permite sobrevivir y prosperar a lo largo del tiempo.

El liderazgo también es un factor esencial en las empresas que trascienden. Los líderes de estas empresas son visionarios, personas que ven más allá del éxito inmediato y que están comprometidas con el crecimiento a largo plazo. Son líderes que inspiran a sus empleados y los motivan a trabajar hacia un objetivo común. Pero más allá de ser visionarios, estos líderes son también humildes. Saben que no pueden lograr el éxito por sí solos, y valoran la contribución de cada miembro del equipo. Un buen liderazgo crea una cultura de trabajo donde cada persona se siente valorada y motivada, lo que a su vez fortalece a la empresa y le permite trascender.

La cultura organizacional es otro factor determinante en las empresas que trascienden. Estas empresas tienen culturas que promueven la colaboración, la innovación y el respeto. Los empleados de estas empresas no solo ven su trabajo como un empleo, sino como una oportunidad para contribuir a algo más grande. En lugar de simplemente cumplir con sus responsabilidades, se sienten parte de una misión mayor. Esta cultura positiva no solo aumenta la productividad, sino que también ayuda a atraer y retener a los mejores talentos. Una cultura organizacional fuerte es uno de los pilares que sostienen a una empresa que trasciende.

Por otro lado, las empresas que trascienden entienden la importancia de la sostenibilidad. En un mundo donde los recursos naturales son limitados y el cambio climático es una realidad, las empresas que realmente se preocupan por el futuro buscan maneras de operar de manera más sostenible. Esto significa reducir su huella de carbono, utilizar materiales reciclables, y asegurarse de que sus operaciones no dañen el medio ambiente. Estas empresas no solo buscan el éxito a corto plazo, sino que están comprometidas con crear un futuro mejor para las generaciones venideras. Este compromiso con la sostenibilidad no solo les da una ventaja competitiva, sino que también les permite contribuir positivamente al mundo.

Finalmente, las empresas que trascienden no temen dejar un legado. No se preocupan únicamente por los resultados inmediatos, sino que piensan en el impacto que tendrán a largo plazo. Estas empresas están construyendo algo que perdurará, algo que seguirá existiendo mucho después de que sus fundadores se hayan ido. Este legado no se mide solo en términos financieros, sino en cómo la empresa ha mejorado la vida de las personas, ha contribuido al bienestar de la sociedad y ha marcado una diferencia en el mundo. Las empresas que trascienden dejan una huella imborrable, no solo en la economía, sino en la cultura, en la vida de sus empleados y en la forma en que se hacen los negocios.

En resumen, las empresas que trascienden son aquellas que entienden que el éxito verdadero no se mide solo en cifras. Son las que han encontrado un propósito más profundo, han construido relaciones genuinas, han sabido adaptarse e innovar, y han tenido un impacto positivo en el mundo. Estas empresas no solo sobreviven, sino que prosperan a lo largo del tiempo, dejando un legado que perdura y que sigue inspirando a otros. En un mundo donde las empresas van y vienen, las que trascienden son las que realmente marcan la diferencia.

Evelyn Wright

Cultura Corporativa para el Bien Común

La cultura corporativa es el alma de una empresa. Es lo que define cómo se comportan sus empleados, cómo se toman las decisiones y cómo se relaciona con el mundo exterior. Una cultura corporativa orientada al bien común va más allá de generar utilidades o alcanzar metas financieras. Se trata de crear un entorno en el que cada decisión, cada acción y cada interacción esté guiada por principios que beneficien no solo a la empresa, sino también a la sociedad en su conjunto. Este enfoque en el bien común transforma a las empresas en agentes de cambio positivo, con un impacto que trasciende las paredes de la oficina.

En una cultura corporativa para el bien común, el propósito social está en el centro de todo lo que se hace. Esto significa que la empresa no se limita a ser rentable, sino que busca activamente cómo puede contribuir de manera significativa al bienestar de la comunidad, los empleados y el planeta. Cada miembro de la organización, desde el más alto ejecutivo hasta el empleado más nuevo, entiende que sus acciones deben alinearse con este propósito mayor. No se trata solo de hacer lo que es legal o cumplir con regulaciones, sino de ir más allá y actuar de manera ética, responsable y solidaria en todo momento.

El primer paso para construir una cultura corporativa centrada en el bien común es crear un ambiente de trabajo inclusivo y respetuoso. En este tipo de empresas, cada persona se siente valorada por lo que es, no solo por lo que puede hacer. La diversidad no es solo un concepto que se menciona en los documentos corporativos, sino una realidad que se vive a diario. Las empresas que promueven una cultura para el bien común entienden que la diversidad de ideas, experiencias y perspectivas es una fuente invaluable de creatividad e innovación. Además, estas empresas saben que cuando las personas se sienten valoradas, trabajan con más pasión y dedicación.

Pero la inclusión no solo se trata de contratar a personas de diferentes orígenes. También implica crear un ambiente donde cada persona se sienta escuchada y tenga la oportunidad de crecer. Esto significa que las jerarquías rígidas no tienen lugar en una cultura orientada al bien común. En lugar de imponer decisiones de arriba hacia abajo, estas empresas fomentan la participación y el diálogo. Todos tienen voz, y se valora el aporte de cada miembro del equipo. Esto no solo mejora la toma de decisiones, sino que también fortalece el sentido de pertenencia y compromiso de los empleados.

La empatía es otro pilar fundamental de una cultura corporativa para el bien común. En un mundo empresarial que a menudo se mueve rápidamente y donde las cifras parecen ser lo único importante, las empresas que trascienden son las que saben detenerse y considerar el impacto humano de cada decisión. Estas empresas comprenden que detrás de cada número hay personas: empleados, clientes, proveedores y comunidades. Actuar con empatía significa preocuparse por el bienestar de los demás y hacer un esfuerzo por comprender sus necesidades y desafíos. Esta capacidad de ponerse en el lugar del otro es lo que permite que las empresas construyan relaciones más fuertes y duraderas con todos sus grupos de interés.

Además de fomentar un ambiente inclusivo y empático, las empresas con una cultura para el bien común también se preocupan por el desarrollo personal y profesional de sus empleados. No ven a las personas solo como recursos que ayudan a alcanzar objetivos, sino como individuos con un potencial único. Estas empresas invierten en la formación y el crecimiento de su equipo, ofreciendo oportunidades de capacitación, mentoría y desarrollo de habilidades. Al hacerlo, no solo mejoran la capacidad de sus empleados para contribuir a la empresa, sino que también les ayudan a alcanzar sus propios objetivos y aspiraciones personales. Esto genera un círculo virtuoso en el que empleados motivados y satisfechos dan lo mejor de sí mismos, lo que a su vez beneficia a la empresa y a la sociedad.

Otro aspecto esencial de una cultura corporativa para el bien común es el compromiso con la sostenibilidad y el medio ambiente. Las empresas que operan bajo este principio entienden que no pueden prosperar a largo plazo si no cuidan del planeta. Esto se traduce en acciones concretas como reducir el uso de recursos, minimizar el desperdicio, apostar por energías limpias y desarrollar productos o servicios que sean respetuosos con el medio ambiente. Además, estas empresas se esfuerzan por educar a sus empleados y clientes sobre la importancia de la sostenibilidad, fomentando un cambio de mentalidad que puede tener un impacto mucho mayor.

La ética es un valor central en una cultura orientada al bien común. En un entorno empresarial donde la presión por obtener resultados rápidos puede llevar a comprometer los principios, las empresas que trascienden son aquellas que se mantienen firmes en sus valores. Esto significa actuar de manera justa y honesta en todas las interacciones, ya sea con empleados, clientes o socios. Una cultura ética no solo crea confianza y respeto dentro de la organización, sino que también mejora la reputación de la empresa en la sociedad. Las empresas que actúan con integridad construyen relaciones duraderas basadas en la confianza, lo que les permite generar un impacto positivo mucho más allá de sus operaciones inmediatas.

La cultura corporativa para el bien común también está marcada por una actitud de servicio hacia los demás. Estas empresas no solo están interesadas en su propio éxito, sino que se ven a sí mismas como parte de una red más amplia de comunidades y actores sociales. Por ello, se comprometen activamente con las causas que importan. Ya sea a través de donaciones, voluntariado o iniciativas de responsabilidad social, estas empresas buscan formas de devolver algo a la sociedad. Al involucrarse en actividades que benefician a las comunidades, no solo generan un impacto positivo, sino que también fortalecen el vínculo con sus empleados y clientes, quienes se sienten más conectados con una empresa que comparte sus valores.

Por supuesto, construir una cultura corporativa para el bien común no es algo que se logre de la noche a la mañana. Requiere un compromiso constante y una visión a largo plazo. Los líderes de la empresa deben ser los primeros en dar el ejemplo, actuando de acuerdo con los principios que promueven. Además, es importante que se comunique claramente el propósito y los valores de la empresa a todos los niveles de la organización. Solo cuando cada persona dentro de la empresa entienda y comparta estos principios, la cultura podrá florecer de manera auténtica.

La transparencia también juega un papel clave en este tipo de cultura. Las empresas que son abiertas y honestas en su comunicación generan un ambiente de confianza y respeto. Esto no solo se aplica a la forma en que interactúan con sus empleados, sino también con sus clientes y la sociedad en general. La transparencia en las prácticas empresariales, en la toma de decisiones y en la rendición de cuentas refuerza el compromiso con el bien común y asegura que la empresa se mantenga fiel a sus valores, incluso en los momentos difíciles.

En conclusión, una cultura corporativa para el bien común es aquella que coloca a las personas, la ética, la sostenibilidad y el propósito social en el centro de todas sus actividades. Estas empresas entienden que su éxito está intrínsecamente ligado al bienestar de sus empleados, sus clientes, sus comunidades y el planeta. Fomentan un ambiente de trabajo inclusivo y respetuoso, invierten en el crecimiento de sus empleados, actúan de manera ética y responsable, y se comprometen activamente con las causas que mejoran la sociedad. Al construir una cultura corporativa que busca el bien común, las empresas no solo logran ser exitosas a nivel económico, sino que también generan un impacto positivo y duradero en el mundo.

Evelyn Wright

Colaboración y Alianzas Estratégicas

La colaboración y las alianzas estratégicas son pilares fundamentales para el éxito de cualquier empresa que aspire a crecer y dejar una huella duradera. En un mundo empresarial cada vez más interconectado, ninguna empresa puede hacerlo todo por sí sola. Las organizaciones que entienden la importancia de trabajar juntas, de sumar fuerzas y de crear alianzas sólidas son las que logran avanzar con mayor rapidez, innovación y sostenibilidad. Colaborar no solo amplía las capacidades de una empresa, sino que también abre puertas a nuevas oportunidades, mercados y conocimientos que de otra manera serían inalcanzables.

La colaboración no es solo una palabra de moda, es una estrategia real y poderosa. Cuando una empresa colabora, no se trata solo de compartir recursos, sino también de compartir ideas, experiencias y visión. Una alianza estratégica bien gestionada puede ser una fuente de innovación, ayudando a ambas partes a descubrir enfoques frescos y soluciones a problemas complejos. Además, la colaboración permite que las empresas se complementen mutuamente, utilizando sus fortalezas individuales para superar cualquier debilidad. Por ejemplo, una empresa que domina en tecnología puede aliarse con otra que tenga una sólida base de clientes, creando una combinación ganadora que beneficie a ambas.

Uno de los mayores beneficios de la colaboración es la posibilidad de acceder a nuevos mercados. Las alianzas estratégicas pueden abrir la puerta a geografías y sectores donde una empresa por sí sola podría no tener la infraestructura o el conocimiento necesario para entrar. Al asociarse con una empresa local o con experiencia en ese mercado, se reducen los riesgos y se aumenta la probabilidad de éxito. Esto es especialmente importante en el mundo globalizado de hoy, donde las barreras geográficas son cada vez más fáciles de superar, pero donde el conocimiento local sigue siendo clave para el éxito en nuevos territorios.

La colaboración también puede ser una fuente de ahorro y eficiencia. Al compartir recursos, tanto humanos como financieros, las empresas pueden reducir costos y optimizar sus operaciones. Por ejemplo, una alianza estratégica podría permitir a dos empresas compartir infraestructuras de logística o tecnología, reduciendo así la duplicación de esfuerzos y recursos. Esto no solo genera ahorros, sino que también mejora la eficiencia operativa, permitiendo que ambas empresas concentren sus energías en lo que hacen mejor. En lugar de gastar tiempo y dinero en desarrollar algo desde cero, pueden aprovechar los conocimientos y capacidades de sus socios para avanzar más rápido.

Sin embargo, no todas las alianzas estratégicas son iguales, ni todas las colaboraciones tienen éxito automáticamente. Para que una colaboración funcione, debe haber una alineación clara de objetivos y valores. Las empresas deben compartir una visión común y trabajar hacia un objetivo que beneficie a ambas partes. Si los intereses están demasiado desalineados o si una de las partes está más interesada en obtener beneficios inmediatos sin aportar valor a largo plazo, la alianza corre el riesgo de fracasar. Por ello, es crucial que las empresas se tomen el tiempo para seleccionar cuidadosamente a sus socios, asegurándose de que haya un ajuste cultural y estratégico.

La confianza es otro ingrediente esencial en cualquier colaboración exitosa. Sin confianza, cualquier alianza está condenada al fracaso. Las empresas deben ser abiertas y transparentes entre sí, compartiendo la información necesaria para que ambas partes puedan tomar decisiones informadas. Esta transparencia no solo se refiere a los aspectos financieros, sino también a la forma en que se opera, los desafíos que enfrentan y las expectativas de cada parte. Cuando las empresas confían entre sí, es más fácil resolver conflictos, adaptarse a los cambios y encontrar soluciones creativas a los problemas que inevitablemente surgirán.

Las alianzas estratégicas no solo deben beneficiar a las empresas involucradas, sino también a sus clientes. Cuando dos empresas colaboran de manera efectiva, pueden ofrecer mejores productos y servicios a sus clientes, ya que combinan lo mejor de ambas. Ya sea un producto más innovador, un servicio más eficiente o una experiencia de cliente más personalizada, la colaboración puede generar resultados que ninguna de las dos empresas podría haber logrado por sí sola. En este sentido, la colaboración no es solo una estrategia empresarial, sino una forma de generar mayor valor para los clientes, que es, al final del día, lo que impulsa el éxito de cualquier empresa.

Además, las alianzas estratégicas pueden ser clave para la sostenibilidad a largo plazo. En un mundo donde los recursos son limitados y los desafíos globales como el cambio climático o las desigualdades sociales se hacen más evidentes, ninguna empresa puede resolver estos problemas sola. Las alianzas entre empresas, organizaciones sin fines de lucro, gobiernos y otras entidades pueden ser esenciales para abordar estos desafíos de manera más efectiva. Las empresas que se comprometen a colaborar en temas de sostenibilidad no solo están mejorando su propia reputación, sino que también están contribuyendo al bien común, creando un impacto positivo en la sociedad.

La colaboración no siempre tiene que ser entre empresas del mismo sector. De hecho, algunas de las alianzas más innovadoras y exitosas han surgido entre empresas de diferentes industrias que han encontrado puntos en común para trabajar juntas. Por ejemplo, una empresa de tecnología puede colaborar con una del sector de la salud para desarrollar nuevas soluciones médicas, o una empresa de moda puede asociarse con una empresa de tecnología para integrar dispositivos inteligentes en sus prendas. Al unir fuerzas con empresas de otras industrias, se pueden crear soluciones que nunca antes se habían imaginado, lo que lleva la innovación a un nuevo nivel.

El proceso de formar alianzas estratégicas también puede ser un desafío. Las empresas deben aprender a negociar y establecer términos claros desde el principio. Un acuerdo bien estructurado debe incluir detalles sobre los roles y responsabilidades de cada parte, cómo se compartirán los beneficios y los riesgos, y qué sucederá si la alianza no funciona como se esperaba. Estos acuerdos claros no solo ayudan a evitar malentendidos, sino que también brindan una hoja de ruta para la colaboración. Las empresas deben estar preparadas para invertir tiempo y recursos en desarrollar estas relaciones de manera adecuada, ya que una alianza estratégica exitosa no ocurre de la noche a la mañana.

Finalmente, la colaboración y las alianzas estratégicas no son estáticas. Para que una alianza siga siendo exitosa, ambas partes deben estar dispuestas a adaptarse y evolucionar con el tiempo. Las condiciones del mercado cambian, los objetivos empresariales se ajustan y las necesidades de los clientes varían. Una colaboración que fue exitosa en el pasado puede necesitar ajustes para seguir siendo relevante. Las empresas que son flexibles y que están dispuestas a reevaluar sus alianzas de manera continua son las que logran mantener relaciones fructíferas a lo largo del tiempo.

En resumen, la colaboración y las alianzas estratégicas son herramientas poderosas para cualquier empresa que busque crecer, innovar y prosperar en el mercado actual. Al unir fuerzas con otros, las empresas pueden acceder a nuevos mercados, mejorar su eficiencia, generar innovación y ofrecer más valor a sus clientes. Sin embargo, para que estas alianzas tengan éxito, es fundamental que haya confianza, transparencia, una alineación clara de objetivos y una disposición para adaptarse al cambio. Las empresas que entienden esto y que invierten en construir relaciones sólidas y de largo plazo serán las que se mantengan a la vanguardia, superando los desafíos y aprovechando las oportunidades del futuro.

Elementos Clave del Éxito Sostenible

El éxito sostenible es el tipo de éxito que perdura en el tiempo, que no depende de factores temporales o golpes de suerte, sino de una construcción sólida y bien pensada que permite a las empresas mantenerse competitivas, rentables y responsables con el mundo que las rodea. Alcanzar este tipo de éxito no se trata solo de hacer las cosas bien en el presente, sino de asegurarse de que lo que se hace hoy tendrá un impacto positivo mañana. Es una visión a largo plazo que considera el equilibrio entre el crecimiento económico, el bienestar social y el cuidado del medio ambiente. Para lograr este equilibrio, es fundamental entender los elementos clave que permiten a una empresa prosperar de manera sostenible.

El primer elemento clave es tener un propósito claro. Las empresas que tienen éxito a largo plazo no se enfocan únicamente en generar ganancias, sino en un propósito mayor que las impulsa a hacer algo positivo para la sociedad. Este propósito puede estar relacionado con mejorar la calidad de vida de las personas, proteger el medio ambiente, o contribuir al desarrollo de las comunidades. Cuando una empresa tiene un propósito claro, sus empleados, clientes y socios pueden conectarse con esa misión, lo que genera un sentido de compromiso y lealtad mucho más fuerte. Además, un propósito fuerte también permite que la empresa se mantenga en el camino correcto, incluso cuando enfrenta desafíos o cambios en el mercado.

Otro elemento fundamental es la innovación constante. Las empresas que se quedan estancadas y no se adaptan a los cambios del mercado o a las nuevas demandas de los clientes corren el riesgo de desaparecer con el tiempo. La innovación no siempre tiene que ser algo radical o disruptivo; a veces, pequeños cambios o mejoras pueden marcar la diferencia. La clave está en estar siempre atentos a las oportunidades de mejorar productos, procesos y servicios. Esto no solo ayuda a mantenerse competitivos, sino que también permite a las empresas ser más eficientes y ofrecer soluciones que se ajusten mejor a las necesidades de los clientes. La capacidad de innovar continuamente es uno de los motores más importantes del éxito sostenible.

La gestión responsable de los recursos también es un pilar esencial del éxito a largo plazo. Las empresas que adoptan prácticas sostenibles, como el uso eficiente de los recursos naturales, la reducción de desperdicios y la minimización de su impacto ambiental, no solo están protegiendo el planeta, sino que también están asegurando su propia supervivencia a largo plazo. Las prácticas insostenibles, como el uso excesivo de materiales o la contaminación, pueden tener consecuencias desastrosas tanto para el entorno natural como para la reputación de la empresa. Por el contrario, las empresas que cuidan de los recursos y adoptan medidas sostenibles suelen ser más eficientes, reducen costos y ganan la confianza de los consumidores, que cada vez valoran más las marcas que se preocupan por el medio ambiente.

El enfoque en las personas es otro componente clave del éxito sostenible. Una empresa es tan buena como su equipo, y por eso es fundamental crear un ambiente de trabajo que promueva el bienestar y el desarrollo personal de los empleados. Las empresas exitosas son aquellas que invierten en su gente, que ofrecen oportunidades de crecimiento, capacitación y un entorno donde los empleados se sientan valorados y motivados. Un equipo motivado no solo es más productivo, sino que también está más comprometido con los objetivos de la empresa, lo que se traduce en mejores resultados a largo plazo. Además, la retención de talento es crucial para la sostenibilidad, ya que un alto nivel de rotación de personal puede generar ineficiencias y costos adicionales.

La relación con los clientes también es un aspecto clave del éxito sostenible. Las empresas que construyen relaciones sólidas y de confianza con sus clientes son las que logran mantenerlos a lo largo del tiempo. En lugar de enfocarse únicamente en las ventas inmediatas, las empresas deben preocuparse por crear una experiencia de cliente excepcional que haga que los consumidores regresen una y otra vez. Escuchar las necesidades de los clientes, ofrecer soluciones que realmente les aporten valor y mantenerse conectados con ellos de manera auténtica son estrategias que permiten construir lealtad a largo plazo. Cuando los clientes sienten que una empresa realmente se preocupa por ellos y por sus necesidades, es más probable que se conviertan en defensores de la marca y recomienden sus productos o servicios a otros.

Otro elemento crucial para el éxito sostenible es la capacidad de adaptarse al cambio. Vivimos en un mundo en constante transformación, donde las condiciones económicas, sociales y tecnológicas evolucionan rápidamente. Las empresas que son capaces de adaptarse a estos cambios, de anticiparse a las tendencias y de ajustar su estrategia según sea necesario son las que logran mantenerse relevantes a lo largo del tiempo. Esta adaptabilidad no significa ser reactivo, sino proactivo, estar siempre alerta a lo que sucede en el entorno y tomar decisiones informadas para mantenerse a la vanguardia. La capacidad de ser flexible y ajustarse a las nuevas realidades es una ventaja competitiva que permite a las empresas sobrevivir y prosperar en un entorno incierto.

La ética y la transparencia también son fundamentales para construir un éxito duradero. Las empresas que actúan de manera ética, que son transparentes en sus prácticas y que se rigen por principios sólidos generan confianza en sus clientes, empleados y socios. En un mundo donde la información circula más rápido que nunca, las empresas que no son transparentes o que se ven involucradas en prácticas poco éticas pueden sufrir daños irreparables a su reputación. Por el contrario, aquellas que se comportan con integridad y responsabilidad suelen atraer a clientes más leales y a empleados más comprometidos. La transparencia en la forma en que se toman las decisiones, cómo se manejan los recursos y cómo se interactúa con los grupos de interés es clave para construir una base sólida de confianza.

El liderazgo visionario es otro factor determinante en el éxito sostenible. Los líderes de las empresas exitosas son aquellos que no solo tienen una visión clara del futuro, sino que también son capaces de inspirar a sus equipos y de guiarlos hacia ese futuro. Un buen líder no se enfoca únicamente en los resultados inmediatos, sino que toma decisiones pensando en el largo plazo. Además, un líder que se preocupa por el bienestar de su equipo, que es empático y que está comprometido con los valores de la empresa, es capaz de crear un entorno donde las personas trabajan con pasión y compromiso. El liderazgo fuerte y consciente es clave para construir una empresa que no solo sea rentable, sino que también sea sostenible y responsable.

El último elemento clave del éxito sostenible es el compromiso con la comunidad y el entorno en el que opera la empresa. Las empresas no existen en el vacío, están conectadas con las comunidades, las personas y los ecosistemas que las rodean. Aquellas empresas que se preocupan por el impacto que generan, que buscan formas de devolver algo positivo a las comunidades y que se involucran en proyectos que beneficien a la sociedad, son las que logran trascender y ser vistas como agentes de cambio positivo. Este compromiso no solo mejora la reputación de la empresa, sino que también crea una relación más cercana con los clientes y otros grupos de interés, quienes valoran a las empresas que se preocupan por algo más que sus propios beneficios.

En conclusión, el éxito sostenible es el resultado de un enfoque equilibrado que considera tanto los aspectos económicos como los sociales y ambientales. Las empresas que tienen un propósito claro, que innovan constantemente, que gestionan responsablemente sus recursos, que valoran a su gente y que construyen relaciones sólidas con sus clientes son las que logran perdurar en el tiempo. Además, la capacidad de adaptarse al cambio, actuar de manera ética y transparente, tener un liderazgo visionario y comprometerse con la comunidad son ingredientes esenciales para construir un éxito que no solo sea rentable, sino también responsable y duradero. Este tipo de éxito es el que realmente importa, el que deja una huella positiva en el mundo y en las personas, y que permite que las empresas prosperen en armonía con su entorno.

Innovación para el Cambio Social

La innovación para el cambio social es una de las fuerzas más poderosas que pueden transformar el mundo. A lo largo de la historia, hemos visto cómo las ideas innovadoras han cambiado la forma en que vivimos, trabajamos y nos relacionamos entre nosotros. Sin embargo, la innovación no solo debe estar enfocada en mejorar productos o servicios para generar ganancias, sino también en abordar los problemas sociales más urgentes y en encontrar soluciones que beneficien a las personas y a las comunidades más vulnerables. Este tipo de innovación tiene un propósito más profundo, porque se trata de usar el ingenio y la creatividad para resolver los grandes desafíos sociales que enfrentamos, como la pobreza, la desigualdad, el acceso a la educación y la atención médica, o el cambio climático.

La innovación para el cambio social no sigue las reglas tradicionales del mercado. No se trata de crear algo novedoso solo para atraer consumidores, sino de crear algo que tenga un impacto real y positivo en la vida de las personas. Este tipo de innovación puede venir en muchas formas, desde la creación de nuevas tecnologías hasta la implementación de modelos de negocio que incluyan a quienes normalmente son excluidos del sistema económico. Lo importante es que la innovación se enfoque en mejorar el bienestar social, haciendo que los beneficios lleguen a todos, no solo a unos pocos. Una empresa que innova con un enfoque social puede crear soluciones que no solo cambian su industria, sino que también transforman comunidades enteras.

Un ejemplo claro de innovación para el cambio social son las tecnologías que buscan llevar energía limpia y asequible a regiones donde antes no había acceso a la electricidad. En muchos países en desarrollo, millones de personas viven sin acceso a electricidad, lo que limita su capacidad para mejorar su calidad de vida. Sin embargo, gracias a innovaciones como los paneles solares portátiles o las redes eléctricas descentralizadas, ahora es posible proporcionar energía renovable a comunidades remotas de manera eficiente y a bajo costo. Esto no solo mejora las condiciones de vida de esas personas, sino que también ayuda a reducir la dependencia de combustibles fósiles y a combatir el cambio climático. Este tipo de innovaciones muestran cómo la tecnología puede ser una herramienta poderosa para el progreso social.

Otro ámbito en el que la innovación puede tener un impacto significativo es en la educación. En muchas partes del mundo, millones de niños no tienen acceso a una educación de calidad, ya sea por falta de recursos, infraestructura o por barreras culturales. Sin embargo, a través de innovaciones tecnológicas como plataformas de aprendizaje en línea o aplicaciones móviles que ofrecen contenido educativo, es posible llegar a esos niños y proporcionarles herramientas para aprender, sin importar dónde se encuentren. Estas soluciones pueden ser especialmente útiles en áreas rurales o en comunidades que han sido históricamente marginadas. Al ofrecer una educación más accesible y de calidad, la innovación puede romper el ciclo de pobreza y abrir nuevas oportunidades para las futuras generaciones.

En el ámbito de la salud, la innovación para el cambio social también puede marcar una gran diferencia. La falta de acceso a atención médica es un problema global que afecta a millones de personas, especialmente en áreas rurales o en países en desarrollo. Sin embargo, con la aparición de tecnologías como la telemedicina, los dispositivos portátiles para monitorear la salud y los diagnósticos a distancia, se están creando nuevas formas de ofrecer atención médica a quienes antes no la tenían. Estas innovaciones no solo mejoran la calidad de vida de las personas, sino que también reducen la carga sobre los sistemas de salud, permitiendo una atención más eficiente y equitativa. La innovación en el ámbito de la salud tiene el potencial de salvar vidas y de hacer que los servicios médicos sean más accesibles para todos.

La innovación social no solo se trata de tecnología; también puede ser una cuestión de cambiar mentalidades y modelos de negocio. Por ejemplo, las empresas que adoptan prácticas de comercio justo están innovando al crear un sistema que paga salarios dignos a los productores en los países en desarrollo. Este enfoque no solo mejora las condiciones de vida de los trabajadores, sino que también genera un modelo de negocio más ético y sostenible. Al pagar precios justos y ofrecer mejores condiciones de trabajo, estas empresas están promoviendo un cambio social significativo, al mismo tiempo que ofrecen productos de alta calidad a los consumidores. Este tipo de innovación demuestra que es posible crear negocios exitosos que también sean responsables socialmente.

El emprendimiento social es otra forma de innovación que está impulsando el cambio. Cada vez más emprendedores están empezando negocios con el objetivo de abordar problemas sociales específicos. Estos emprendedores no solo buscan generar beneficios económicos, sino también maximizar el impacto social positivo de sus empresas. Ya sea que estén creando productos ecológicos, desarrollando soluciones de salud accesibles o ayudando a comunidades marginadas a integrarse en la economía, los emprendedores sociales están demostrando que es posible innovar de manera rentable y responsable. Esta nueva generación de líderes empresariales está redefiniendo lo que significa tener éxito en los negocios, colocando el bienestar social en el centro de sus actividades.

Para que la innovación para el cambio social sea efectiva, también es importante que las empresas y los emprendedores trabajen en colaboración con gobiernos, organizaciones no gubernamentales y las propias comunidades a las que buscan ayudar. Las soluciones más efectivas son aquellas que se desarrollan con un profundo entendimiento de los problemas locales y que cuentan con la participación activa de quienes serán los beneficiarios de esa innovación. La colaboración entre los diferentes sectores es clave para asegurar que las soluciones no solo sean técnicamente viables, sino que también sean culturalmente apropiadas y sostenibles a largo plazo. La innovación social debe ser un esfuerzo conjunto, donde todos los actores trabajen hacia un mismo objetivo.

El cambio social también puede ser impulsado desde dentro de las empresas, a través de políticas corporativas innovadoras que promuevan la igualdad, la diversidad y la inclusión. Las empresas que innovan en sus prácticas laborales, ofreciendo oportunidades equitativas para todos los empleados, independientemente de su género, raza o origen, están contribuyendo a un cambio social importante. Además, al fomentar un ambiente de trabajo inclusivo, las empresas no solo mejoran la moral y la productividad de sus empleados, sino que también atraen a una base de talentos más diversa y capacitada. Este tipo de innovación no solo tiene un impacto positivo dentro de la empresa, sino que también envía un mensaje poderoso a la sociedad sobre la importancia de la igualdad y la justicia.

A medida que las empresas y los emprendedores continúan innovando para el cambio social, también es fundamental medir el impacto de estas innovaciones. No se trata solo de tener buenas intenciones, sino de asegurarse de que las soluciones realmente están mejorando la vida de las personas. Existen muchas herramientas y métodos para medir el impacto social, desde encuestas y estudios de caso hasta métricas financieras y de bienestar. Al medir el impacto de manera efectiva, las empresas pueden aprender qué está funcionando y qué necesita mejorar, asegurando que sus innovaciones tengan el mayor efecto posible en la sociedad.

En última instancia, la innovación para el cambio social es una poderosa herramienta que puede transformar el mundo en el que vivimos. Ya sea a través de la tecnología, de nuevos modelos de negocio o de la implementación de políticas más justas y equitativas, las posibilidades son infinitas. Lo más importante es que la innovación esté guiada por un propósito mayor, uno que ponga a las personas y al planeta en el centro de la estrategia. Las empresas que logran combinar la innovación con el compromiso social son las que realmente marcan la diferencia, no solo para sus accionistas, sino para la humanidad en su conjunto. Innovar para el cambio social es, en definitiva, una forma de crear un futuro mejor para todos.

Medición del Impacto Social

Medir el impacto social de una empresa o proyecto es fundamental para saber si realmente está logrando el cambio que busca en la sociedad. No se trata solo de hacer buenas acciones o tener buenas intenciones, sino de poder evaluar con claridad si las iniciativas están generando resultados tangibles y positivos para las personas, las comunidades y el medio ambiente. Para muchas empresas, medir el impacto social puede parecer algo complicado, pero es una parte crucial para asegurarse de que el propósito social no se quede en una idea, sino que se traduzca en mejoras reales.

El primer paso para medir el impacto social es definir claramente los objetivos. Esto significa que una empresa o proyecto debe tener muy claro qué es lo que quiere lograr. Por ejemplo, si una empresa quiere reducir la pobreza en una comunidad rural a través de la creación de empleos, debe establecer metas concretas, como cuántos empleos pretende crear, en qué período de tiempo, y cómo estos empleos ayudarán a mejorar la calidad de vida de las personas. Tener estos objetivos claros permite medir si se están alcanzando los resultados esperados y hacer ajustes si es necesario. Sin metas bien definidas, es difícil saber si los esfuerzos están teniendo el impacto deseado.

Una vez que se tienen claros los objetivos, el siguiente paso es identificar las métricas que se usarán para medir el impacto. Las métricas son los indicadores específicos que muestran cómo se está progresando hacia los objetivos. Por ejemplo, si una empresa está trabajando para mejorar la educación en una comunidad, algunas métricas relevantes podrían ser la tasa de asistencia escolar, el rendimiento académico de los estudiantes, o el número de nuevos maestros contratados. Estas métricas permiten tener una visión clara y cuantificable del impacto. Es importante que las métricas sean relevantes, fáciles de medir y alineadas con los objetivos del proyecto.

Sin embargo, no todas las métricas tienen que ser numéricas. El impacto social también puede medirse de forma cualitativa, es decir, observando cómo han cambiado las vidas de las personas o cómo ha mejorado el bienestar de una comunidad. Las encuestas, entrevistas o estudios de caso pueden ser herramientas útiles para obtener este tipo de información. Por ejemplo, en un proyecto de salud, una métrica cualitativa podría ser cómo las personas perciben la mejora en su calidad de vida después de recibir atención médica. Las historias personales pueden ser tan valiosas como los números cuando se trata de medir el impacto social, porque muestran el cambio desde una perspectiva humana.

La medición del impacto social no es algo que deba hacerse solo al final de un proyecto. Es un proceso continuo que debe realizarse a lo largo del tiempo para ir evaluando el progreso y haciendo los ajustes necesarios. Por eso, es importante realizar mediciones periódicas para ver si los esfuerzos están en el camino correcto o si es necesario cambiar la estrategia. A veces, los resultados no se ven de inmediato, por lo que es fundamental ser paciente y perseverante. Pero medir de manera continua permite aprender y mejorar, asegurando que los recursos se utilicen de la mejor manera posible para maximizar el impacto.

Otro aspecto importante de la medición del Impacto social es la transparencia. Las empresas y organizaciones deben ser abiertas y honestas sobre los resultados que están obteniendo. No siempre será fácil mostrar que se están logrando grandes avances, especialmente en proyectos complejos que abordan problemas sociales profundos. Sin embargo, ser transparente acerca de los éxitos y los desafíos construye confianza con las personas y las comunidades afectadas, así como con los inversionistas y socios. Además, la transparencia permite que otros aprendan de las experiencias y errores, lo que contribuye a la mejora de futuras iniciativas sociales.

Medir el impacto social también puede ayudar a atraer más apoyo, tanto financiero como comunitario. Cuando una empresa puede mostrar claramente el impacto positivo que está teniendo, es más probable que obtenga inversiones o donaciones adicionales, porque los posibles financiadores ven que su dinero se está utilizando de manera efectiva. Además, la medición del impacto también puede inspirar a más personas a unirse a la causa, ya sea como empleados, voluntarios o defensores de la misión de la empresa. Cuando las personas ven pruebas claras de que una organización está marcando la diferencia, se sienten más inclinadas a apoyarla.

La tecnología ha hecho que medir el impacto social sea mucho más fácil y preciso. Hoy en día, existen herramientas digitales que permiten recopilar datos en tiempo real, analizar tendencias y generar informes detallados sobre el progreso de los proyectos. Estas herramientas no solo facilitan la medición, sino que también ayudan a identificar áreas de mejora de manera más rápida. Además, la tecnología permite recopilar datos de una manera más eficiente, lo que reduce los costos y el tiempo dedicado a la evaluación. Usar tecnología para medir el impacto social no solo es útil para las empresas, sino también para las organizaciones sin fines de lucro y los proyectos gubernamentales que buscan tener un impacto social significativo.

Es importante recordar que medir el impacto social no solo beneficia a las empresas o proyectos, sino también a las comunidades y personas que reciben la ayuda. Cuando una empresa mide el impacto de manera adecuada, puede asegurarse de que está respondiendo a las necesidades reales de las personas y ajustando sus acciones para tener un mayor efecto positivo. Esto también ayuda a evitar el "asistencialismo", es decir, ofrecer soluciones superficiales que no resuelven los problemas de fondo. La medición del impacto social permite un enfoque más profundo y efectivo, centrado en generar cambios duraderos.

En resumen, la medición del impacto social es un proceso clave para cualquier empresa o proyecto que tenga un propósito más allá del beneficio económico. Es la herramienta que permite evaluar si los esfuerzos están logrando el cambio que se busca en la sociedad y cómo se puede mejorar para maximizar ese impacto. Desde definir objetivos claros y establecer métricas, hasta utilizar herramientas tecnológicas y ser transparentes con los resultados, cada paso en la medición del impacto social es importante para asegurar que las acciones se traduzcan en un beneficio real para las personas y el planeta. Y al final del día, esa es la verdadera razón por la que las empresas con propósito trabajan:

para hacer un cambio positivo y significativo en el mundo.

Más Allá de la Sostenibilidad

Cuando hablamos de sostenibilidad, normalmente pensamos en cómo las empresas y las personas pueden hacer un esfuerzo para reducir su impacto negativo en el medio ambiente. Esto incluye cosas como usar menos recursos, reducir las emisiones de carbono, reciclar más y tratar de no dañar el planeta. La sostenibilidad ha sido un tema central en las conversaciones sobre responsabilidad social y ambiental durante años. Sin embargo, en el mundo actual, donde los desafíos globales son cada vez más complejos y urgentes, la sostenibilidad ya no es suficiente. Ahora, más que nunca, es necesario ir más allá de la sostenibilidad y enfocarse en una visión que no solo minimice el daño, sino que también busque regenerar y mejorar nuestro entorno.

Ir más allá de la sostenibilidad significa dejar de pensar únicamente en términos de "hacer menos daño" y comenzar a pensar en cómo podemos "hacer más bien". No basta con evitar destruir los recursos naturales, ahora necesitamos encontrar formas de restaurar los ecosistemas, regenerar los suelos, purificar el aire y el agua, y devolver a la naturaleza más de lo que tomamos de ella. Este enfoque se conoce como economía regenerativa, y va un paso más allá de las prácticas sostenibles. La economía regenerativa no se limita a preservar lo que ya tenemos, sino que se enfoca en reparar lo que ha sido dañado y en crear sistemas que sean prósperos para todos los seres vivos, incluidas las generaciones futuras.

Un ejemplo claro de cómo ir más allá de la sostenibilidad es el diseño regenerativo en la agricultura. Mientras que la agricultura sostenible busca minimizar el impacto ambiental de las prácticas agrícolas, la agricultura regenerativa tiene como objetivo mejorar la salud de los suelos, aumentar la biodiversidad, y capturar carbono en lugar de liberarlo. Los agricultores que adoptan estas prácticas no solo evitan el uso de productos químicos dañinos, sino que también trabajan para regenerar la tierra, lo que a su vez mejora la producción de alimentos, reduce el impacto del cambio climático y crea un ciclo más saludable entre los ecosistemas y las personas. Este enfoque tiene un impacto positivo a largo plazo tanto en el medio ambiente como en las comunidades agrícolas.

Las empresas que adoptan un enfoque regenerativo también están descubriendo que este modelo es una fuente de innovación y ventaja competitiva. En lugar de limitarse a cumplir con las normativas ambientales, estas empresas están diseñando productos, servicios y procesos que tienen un impacto positivo en el planeta. Por ejemplo, algunas compañías están desarrollando productos biodegradables que no solo no dañan el medio ambiente, sino que también ayudan a regenerarlo. También hay empresas que están utilizando residuos como materia prima para crear nuevos productos, cerrando el ciclo de producción y reduciendo la cantidad de desechos que terminan en los vertederos. Estas iniciativas no solo son buenas para el planeta, sino que también abren nuevas oportunidades de negocio.

Otro aspecto importante de ir más allá de la sostenibilidad es repensar los modelos de negocio tradicionales. Las empresas del futuro no solo deben ser sostenibles, sino también regenerativas y restaurativas en su enfoque. Esto significa que deben crear valor compartido, no solo para sus accionistas, sino para todas las partes interesadas, incluidas las comunidades locales, los empleados, los proveedores y el medio ambiente. Un modelo de negocio regenerativo se basa en la idea de que el éxito empresarial no debe depender de la explotación de los recursos naturales o de las personas, sino de la creación de un sistema en el que todos puedan prosperar juntos. Este enfoque también fomenta una mayor resiliencia, ya que las empresas que cuidan de sus recursos naturales y sociales son más capaces de adaptarse a los cambios en el mercado y en el entorno.

El concepto de regeneración también puede aplicarse a las ciudades y las comunidades. En lugar de simplemente reducir el consumo de energía o de agua, las ciudades que adoptan un enfoque regenerativo están buscando formas de mejorar el bienestar de sus habitantes a través de soluciones que restauren los ecosistemas urbanos. Esto incluye la creación de espacios verdes que mejoren la calidad del aire, fomenten la biodiversidad y brinden áreas de recreación para las personas. También incluye la implementación de sistemas de transporte que no solo sean eficientes, sino que también ayuden a reducir la contaminación y promuevan un estilo de vida más saludable. Estas iniciativas no solo hacen que las ciudades sean más sostenibles, sino que también las convierten en lugares más habitables y resilientes.

Ir más allá de la sostenibilidad también implica un cambio en la mentalidad. No se trata solo de reducir el daño que causamos, sino de asumir una responsabilidad activa para mejorar el mundo en el que vivimos. Es necesario que las empresas, los gobiernos y los individuos adopten una mentalidad de regeneración, donde cada decisión que tomemos esté orientada a mejorar la calidad de vida de las generaciones actuales y futuras. Esto requiere que dejemos de ver la naturaleza como un recurso que podemos explotar y comencemos a verla como un socio con el que debemos colaborar para asegurar un futuro próspero. Esta mentalidad de regeneración también fomenta la innovación, ya que nos obliga a repensar nuestras formas de producción y consumo de una manera más creativa y sostenible.

El enfoque regenerativo no solo beneficia al medio ambiente, sino también a las personas. Las empresas que invierten en prácticas regenerativas están creando trabajos más significativos y gratificantes para sus empleados, ya que estos sienten que están contribuyendo a algo más grande que simplemente generar ganancias. Además, al involucrar a las comunidades en sus esfuerzos regenerativos, estas empresas están fortaleciendo las relaciones con sus clientes, quienes valoran cada vez más las marcas que están comprometidas con el bienestar social y ambiental. De esta manera, ir más allá de la sostenibilidad no solo es bueno para el planeta, sino también para los negocios.

En resumen, la sostenibilidad ya no es suficiente en un mundo que enfrenta desafíos ambientales y sociales tan grandes. Las empresas y las personas deben ir más allá, adoptando un enfoque regenerativo que no solo minimice el daño, sino que también restaure y mejore los sistemas naturales y sociales de los que todos dependemos. Este enfoque requiere una mentalidad innovadora y colaborativa, que vea a la naturaleza como un socio y no como un recurso a explotar. Ir más allá de la sostenibilidad es un compromiso con el futuro, con la idea de que podemos crear un mundo en el que las personas, las empresas y el medio ambiente prosperen juntos. La verdadera innovación no está en hacer menos daño, sino en encontrar formas de hacer más bien, de manera que el impacto positivo de nuestras acciones se extienda a largo plazo y para las generaciones venideras.

El Valor de una Empresa en una Economía de Propósito

El valor de una empresa en una economía de propósito va mucho más allá de sus ingresos y ganancias. En el pasado, la medida del éxito de una empresa era puramente financiera: cuanto más dinero ganaba, más exitosa se consideraba. Sin embargo, en la actualidad, las expectativas sobre lo que constituye una empresa valiosa han cambiado. Vivimos en un mundo donde las personas, los consumidores y los inversionistas buscan algo más que solo productos o servicios. Quieren saber que las empresas están contribuyendo de manera positiva a la sociedad y que tienen un propósito más grande que el simple hecho de generar beneficios.

El concepto de una "economía de propósito" se refiere a un modelo económico donde las empresas no solo buscan maximizar sus ganancias, sino también crear un impacto social, ambiental y humano positivo. En lugar de enfocarse exclusivamente en los beneficios a corto plazo, las empresas en una economía de propósito se guían por un conjunto de valores que benefician a todas las partes interesadas: empleados, clientes, comunidades y el planeta. Esto no significa que el valor financiero deje de ser importante, sino que el éxito empresarial se mide de una manera más integral, considerando tanto el impacto económico como el social.

Una empresa en una economía de propósito entiende que tener un propósito claro y genuino aumenta su valor a largo plazo. Los consumidores, especialmente las generaciones más jóvenes, prefieren apoyar a marcas que se alinean con sus valores. Quieren saber que las empresas con las que interactúan están haciendo lo correcto, ya sea mediante la producción responsable, el respeto a los derechos humanos, el apoyo a causas sociales, o la protección del medio ambiente. El propósito no es un eslogan o una campaña de marketing; es el núcleo de la identidad de la empresa, lo que le da sentido a su existencia y define sus acciones.

Un ejemplo claro de cómo una empresa puede tener un propósito significativo es cuando sus operaciones y productos están diseñados para resolver problemas sociales o ambientales. Imagina una empresa que fabrica ropa, pero en lugar de hacerlo de manera convencional, utiliza materiales reciclados, garantiza condiciones laborales justas para sus trabajadores y dona parte de sus ganancias a programas de reforestación. Esta empresa no solo vende ropa; vende una idea, un compromiso con el bienestar del planeta y de las personas. El valor de esta empresa, por tanto, no solo se mide por el número de prendas que vende, sino por el impacto positivo que tiene en el medio ambiente y en las comunidades donde opera.

Otro aspecto importante de las empresas en una economía de propósito es su capacidad para atraer y retener talento. Los empleados de hoy en día no solo buscan buenos salarios; también quieren trabajar para empresas que les permitan sentir que están contribuyendo a algo más grande. Quieren sentir que su trabajo tiene un significado y que están haciendo una diferencia. Cuando una empresa tiene un propósito claro, puede inspirar a sus empleados, mejorar su motivación y aumentar su lealtad. Un equipo comprometido con el propósito de la empresa no solo trabaja más duro, sino que también es más creativo e innovador, lo que genera un valor aún mayor para la organización.

El liderazgo también juega un papel fundamental en el valor de una empresa con propósito. Los líderes que abrazan y promueven un enfoque basado en valores son capaces de guiar a sus equipos hacia una visión compartida que no solo se enfoca en resultados financieros, sino también en el impacto positivo que pueden generar en el mundo. Un líder inspirador entiende que la rentabilidad y el propósito no son objetivos opuestos, sino que pueden coexistir y reforzarse mutuamente. A medida que el propósito impulsa la innovación y el compromiso, la empresa crece de manera sostenible y construye una reputación sólida basada en la confianza y la integridad.

En una economía de propósito, la transparencia es clave. Las empresas ya no pueden ocultarse detrás de promesas vacías o políticas que no cumplen. Los consumidores y otros actores clave esperan que las empresas sean honestas sobre sus prácticas, sobre cómo tratan a sus empleados, cómo producen sus bienes y qué hacen para minimizar su impacto ambiental. Ser transparente no solo construye confianza, sino que también fortalece la relación entre la empresa y su comunidad. Las empresas que son abiertas sobre sus desafíos y avances en temas de propósito generan un mayor nivel de compromiso tanto interno como externo.

El valor de una empresa también se refleja en sus alianzas y colaboraciones. En lugar de competir ferozmente con otras empresas, las organizaciones con propósito suelen buscar asociaciones estratégicas que les permitan multiplicar su impacto. Estas alianzas pueden ser con otras empresas, con organizaciones sin fines de lucro, con gobiernos o con comunidades locales. Trabajar juntos hacia un objetivo común aumenta el impacto positivo y demuestra que la empresa está comprometida con el cambio real, no solo con su propia agenda. Este enfoque colaborativo también permite que las empresas aprendan y mejoren constantemente, elevando su valor y su capacidad de adaptación en un entorno económico y social en constante cambio.

Una empresa que tiene un propósito bien definido también es más resiliente ante las crisis. Las empresas que solo se enfocan en los beneficios a corto plazo pueden ser vulnerables a cambios en el mercado, problemas económicos globales o crisis sociales. Sin embargo, las empresas con propósito tienen una base sólida de valores que les permite adaptarse mejor y responder de manera más efectiva a estos desafíos. Además, las empresas con propósito suelen tener un nivel de confianza más alto por parte de sus clientes, empleados e inversionistas, lo que les proporciona un mayor margen de maniobra durante tiempos difíciles.

No es casualidad que las empresas con un propósito claro a menudo obtengan mejores resultados a largo plazo. A medida que más consumidores y socios comerciales eligen trabajar con empresas que se alinean con sus valores, las empresas con propósito pueden crecer y prosperar en una economía que cada vez demanda más responsabilidad social y ambiental. Este crecimiento no solo se refleja en los números financieros, sino también en la creación de valor compartido, es decir, valor que beneficia a todas las partes interesadas y que promueve un cambio positivo en el mundo.

En conclusión, el valor de una empresa en una economía de propósito no se mide únicamente por su rentabilidad. Es un valor que se construye a partir de la combinación de sus acciones, su impacto en la sociedad y el medio ambiente, y su capacidad para mejorar la vida de las personas. Las empresas que entienden esto y que adoptan un propósito genuino en sus operaciones están posicionadas para tener éxito, no solo financieramente, sino también en términos de su relevancia y legado en un mundo cada vez más consciente y exigente. En la economía de propósito, el verdadero valor está en hacer lo correcto, no solo para el presente, sino también para el futuro.

Preparando a la Próxima Generación de Empresarios Conscientes

Preparar a la próxima generación de empresarios conscientes es una tarea crucial en un mundo que cambia rápidamente y enfrenta desafíos cada vez más complejos. Los problemas globales como el cambio climático, la desigualdad social y la crisis de recursos naturales requieren nuevas formas de liderazgo empresarial. No podemos depender únicamente de los modelos tradicionales de negocio que han estado enfocados casi exclusivamente en el crecimiento económico y la maximización de beneficios. Las generaciones futuras de empresarios necesitarán una mentalidad mucho más amplia y un enfoque que combine éxito financiero con responsabilidad social y ambiental.

Uno de los primeros pasos para preparar a la próxima generación de empresarios conscientes es educarlos en valores que promuevan el bienestar colectivo. Las escuelas de negocios, universidades y programas de formación empresarial deben enseñar no solo habilidades técnicas como la contabilidad o el marketing, sino también inculcar principios éticos y de sostenibilidad. Los futuros líderes deben aprender a tomar decisiones que consideren no solo el impacto a corto plazo en los balances financieros, sino también las consecuencias a largo plazo en las personas y el planeta. Esto requiere una formación integral que combine teoría con experiencias prácticas que les permitan ver el impacto real de sus decisiones.

Además de la educación formal, es vital que los jóvenes empresarios tengan la oportunidad de involucrarse en proyectos de impacto social desde una edad temprana. Al participar en iniciativas que busquen solucionar problemas en sus comunidades o mejorar el medio ambiente, los jóvenes desarrollan una conciencia más profunda sobre el mundo en el que viven y las necesidades que deben abordarse. Esto no solo los ayuda a entender mejor los desafíos, sino que también les permite desarrollar empatía, un rasgo esencial en un empresario consciente. Cuando un empresario comprende y siente las dificultades de los demás, está mejor preparado para diseñar soluciones empresariales que no solo generen valor económico, sino que también mejoren la vida de las personas.

Otro aspecto crucial para preparar a la próxima generación de empresarios conscientes es fomentar una mentalidad de innovación sostenible. En lugar de seguir ciegamente las fórmulas tradicionales para crear productos y servicios, los jóvenes empresarios deben ser alentados a pensar de manera disruptiva, encontrando formas de hacer las cosas mejor y más eficientes, sin dañar el entorno. La innovación sostenible se centra en desarrollar productos que no solo satisfacen las necesidades del presente, sino que también preservan los recursos para las futuras generaciones. Esto implica hacer uso de tecnologías limpias, adoptar modelos de economía circular y diseñar soluciones que reduzcan el desperdicio y promuevan el uso eficiente de los recursos.

El liderazgo ético también debe ser una parte fundamental de la formación de estos nuevos empresarios. La integridad y la transparencia son más importantes que nunca en un mundo donde las personas exigen más responsabilidad a las empresas. Los empresarios conscientes no solo deben guiar sus propias empresas con estos valores, sino también ser capaces de inspirar a otros a hacer lo mismo. Esto significa liderar con el ejemplo, promoviendo prácticas empresariales que sean justas, equitativas y respetuosas con todos los involucrados en el proceso, desde los empleados hasta los proveedores y los clientes. La forma en que un líder trata a las personas y maneja los desafíos éticos define no solo su reputación personal, sino también el legado de su empresa.

Las redes de mentores y modelos a seguir juegan un papel fundamental en la formación de empresarios conscientes. Los empresarios jóvenes a menudo se benefician enormemente de contar con guías que ya hayan recorrido el camino del emprendimiento responsable. Tener acceso a mentores que han aplicado con éxito principios de responsabilidad social en sus empresas brinda a los nuevos líderes una perspectiva valiosa y les ayuda a evitar errores comunes. Además, los mentores pueden inspirar a la próxima generación a ser valientes y a mantenerse firmes en sus convicciones, incluso cuando las decisiones éticas y responsables no parezcan ser las más fáciles o lucrativas a corto plazo.

La colaboración también es una habilidad esencial para los empresarios conscientes del futuro. En lugar de ver a otras empresas como competencia directa, la próxima generación debe aprender a trabajar de manera conjunta con otros actores, incluidos competidores, gobiernos y organizaciones sin fines de lucro, para resolver problemas globales. Los desafíos que enfrenta el mundo hoy en día son demasiado grandes para que una sola empresa los solucione por sí sola. Colaborar con otros para alcanzar objetivos compartidos no solo aumenta las posibilidades de éxito, sino que también genera un impacto mayor y más significativo en el mundo. Esta mentalidad de colaboración sobre competencia es clave para construir un futuro más justo y sostenible.

Las empresas conscientes del futuro también deben entender la importancia de la equidad e inclusión en todos los aspectos de su negocio. Preparar a la próxima generación de empresarios incluye enseñarles que las empresas deben ser diversas y reflejar la sociedad en la que operan. La diversidad de pensamiento, experiencia y antecedentes no solo enriquece la toma de decisiones, sino que también es crucial para crear productos y servicios que satisfagan las necesidades de un público diverso. Un empresario consciente valora y fomenta la inclusión dentro de su equipo, asegurándose de que todos tengan la oportunidad de contribuir y ser escuchados.

Otra herramienta poderosa para la próxima generación de empresarios conscientes es el poder de la tecnología. Las nuevas tecnologías tienen el potencial de resolver muchos de los problemas más acuciantes de la humanidad, desde el acceso a energía limpia hasta la mejora de la educación y la salud en comunidades marginadas. Sin embargo, los futuros líderes empresariales deben aprender a usar la tecnología de manera responsable y ética. Esto significa no solo buscar la eficiencia y el progreso, sino también asegurarse de que la tecnología se desarrolle y utilice de manera que respete los derechos humanos, proteja la privacidad y no amplíe la desigualdad. En este sentido, los empresarios conscientes deben ser defensores de un uso equilibrado y justo de las tecnologías.

Finalmente, es fundamental que la próxima generación de empresarios tenga una visión de largo plazo. Las decisiones que toman hoy pueden tener repercusiones durante décadas. Por lo tanto, deben estar dispuestos a pensar en el futuro, a prever las posibles consecuencias de sus acciones y a comprometerse con el desarrollo sostenible. No se trata solo de generar resultados rápidos o de perseguir el éxito inmediato; se trata de construir empresas que perduren y que continúen generando un impacto positivo incluso mucho después de que el fundador se haya retirado. Este tipo de mentalidad de legado es esencial para asegurar que las empresas del mañana no solo sean rentables, sino también responsables y relevantes.

En resumen, preparar a la próxima generación de empresarios conscientes requiere un enfoque holístico que abarque la educación en valores, la innovación sostenible, el liderazgo ético, la colaboración y una visión de largo plazo. Al equipar a los jóvenes empresarios con estas herramientas, no solo estaremos preparando a los líderes del futuro, sino que también estaremos asegurando que las empresas del mañana sean más humanas, responsables y comprometidas con el bienestar de la sociedad y el planeta. Esta generación tiene el potencial de cambiar el mundo, y depende de nosotros darles las habilidades y los conocimientos para hacerlo de manera consciente y efectiva.

Legado

El concepto de legado es fundamental cuando se habla de una empresa o de un empresario que busca trascender más allá del éxito financiero. Un legado no se trata solo de lo que una persona deja en el mundo cuando se va, sino de cómo sus acciones, decisiones y valores continúan impactando a las futuras generaciones. Para un empresario consciente, el legado va mucho más allá de la acumulación de riqueza o el reconocimiento personal. Es la marca duradera que se deja en la sociedad, en la vida de las personas y en el medio ambiente. El legado se construye a lo largo del tiempo, y se refleja en la manera en que una empresa opera, en los valores que promueve, y en las soluciones que aporta a los problemas del mundo.

Cuando un empresario se preocupa por el legado que va a dejar, su visión cambia de corto a largo plazo. Ya no se trata solo de maximizar las ganancias o de dominar el mercado durante algunos años, sino de construir algo que perdure, que siga siendo relevante y valioso incluso cuando él ya no esté involucrado en el día a día del negocio. Este tipo de visión a largo plazo es esencial para crear un impacto positivo y duradero, porque obliga a los líderes a pensar en las consecuencias de sus decisiones, no solo en términos financieros, sino también en términos de su impacto social y ambiental. De esta manera, el legado no es un resultado accidental, sino una meta intencional que se trabaja cada día.

Una parte importante del legado es la cultura que una empresa crea. La cultura empresarial está compuesta por los valores, creencias y comportamientos que guían a la organización. Si una empresa promueve la honestidad, la equidad y el respeto, esas cualidades se convierten en parte de su identidad y se transmiten a las futuras generaciones de empleados, clientes y socios. En cambio, si una empresa se centra únicamente en el beneficio económico, sin considerar el bienestar de sus empleados o el impacto de sus operaciones en la sociedad, su legado será muy diferente. Los empresarios conscientes deben ser muy cuidadosos con la cultura que cultivan, ya que será una parte esencial de lo que dejen atrás.

Un legado significativo también se construye a través del impacto positivo que una empresa tiene en su entorno. No se trata solo de cumplir con las expectativas mínimas, sino de hacer una diferencia real y medible. Esto puede incluir iniciativas ambientales, como reducir la huella de carbono o promover el uso de energías renovables, o programas sociales que mejoren la vida de las comunidades en las que la empresa opera. Las empresas que dejan un legado duradero no solo se limitan a operar de manera responsable, sino que buscan activamente crear valor compartido: un enfoque en el que tanto la empresa como la sociedad se benefician de manera equitativa. Este tipo de enfoque es clave para construir un legado que perdure y sea apreciado a lo largo del tiempo.

El legado también está intrínsecamente relacionado con la innovación. Las empresas que dejan huella no solo se adaptan a las tendencias del mercado, sino que son pioneras en la creación de soluciones que cambian el mundo para mejor. La innovación no se trata solo de crear productos o servicios nuevos, sino de encontrar formas de hacer las cosas de manera más eficiente, más responsable y más consciente. Un empresario que deja un legado duradero es aquel que, en lugar de seguir el camino fácil o el más rentable a corto plazo, apuesta por el cambio, la evolución y el progreso. Este tipo de innovación no solo tiene un impacto inmediato, sino que sienta las bases para que futuras generaciones sigan mejorando y transformando la industria y la sociedad.

Otra parte fundamental de un legado es cómo se trata a las personas dentro y fuera de la empresa. Un empresario que deja un legado positivo es aquel que se preocupa por sus empleados, los trata con dignidad y respeto, y les brinda oportunidades para crecer tanto personal como profesionalmente. Además, se preocupa por sus clientes, ofreciendo productos y servicios que realmente mejoran sus vidas, y por la comunidad, contribuyendo al bienestar general. Cuando una empresa opera con estos principios, deja una impresión duradera en todos aquellos con los que interactúa. Los empleados hablarán de esa empresa como un lugar en el que realmente importaban, los clientes recordarán cómo sus productos hicieron una diferencia en sus vidas, y las comunidades sentirán que la empresa fue una fuerza para el bien.

El liderazgo también juega un papel central en la creación de un legado. Los líderes empresariales no solo son responsables de las decisiones diarias que afectan el rumbo de la empresa, sino que también son los guardianes de su visión y misión. Un líder que se preocupa por su legado se asegura de que su empresa esté alineada con los valores correctos y que sus acciones reflejen sus principios. Este tipo de liderazgo es inspirador y moviliza a otros para seguir adelante con la misma dedicación y compromiso. Un buen líder es consciente de que su influencia va más allá de su mandato y se esfuerza por formar a otros líderes que puedan continuar su trabajo con la misma pasión y responsabilidad.

El legado no siempre se mide en cifras o en logros inmediatos, sino en el impacto que tiene a lo largo del tiempo. Muchas veces, las acciones más pequeñas y aparentemente insignificantes pueden tener las repercusiones más profundas. Por ejemplo, una decisión empresarial que en su momento parecía irrelevante, como el compromiso de reducir los desechos plásticos o garantizar condiciones laborales justas, puede transformarse en un ejemplo a seguir por otras empresas e industrias. De esta manera, el legado de un empresario no solo influye en su propia empresa, sino que puede inspirar cambios en todo un sector y en la sociedad en general. Ese es el poder de un legado bien construido: su capacidad para multiplicarse y expandirse más allá de los límites originales.

Un legado exitoso también requiere planificación. No se trata de esperar que las cosas simplemente caigan en su lugar, sino de ser proactivo en la creación de un impacto que trascienda. Los empresarios que desean dejar un legado deben pensar estratégicamente en cómo desean ser recordados y qué tipo de empresa quieren que permanezca después de ellos. Esto significa establecer objetivos claros, tomar decisiones conscientes y asegurarse de que el propósito y los valores estén siempre en el centro de las operaciones. Un legado no es algo que se crea de la noche a la mañana, sino que se construye cuidadosamente a lo largo del tiempo, con cada decisión, cada acción y cada paso que se da.

Finalmente, el legado de una empresa está profundamente conectado con su capacidad para evolucionar y adaptarse. El mundo cambia constantemente, y las empresas que dejan un legado duradero son aquellas que no temen ajustarse a nuevas realidades y desafíos. Un legado fuerte no significa aferrarse a las viejas formas de hacer las cosas, sino estar dispuesto a aprender, crecer y mejorar continuamente. Al hacerlo, una empresa puede permanecer relevante y valiosa durante mucho tiempo, lo que refuerza su impacto positivo y su capacidad para inspirar a otros.

En resumen, el legado de un empresario o de una empresa es la huella que deja en el mundo. No se trata solo de las ganancias obtenidas, sino de cómo se contribuyó al bienestar de la sociedad, cómo se trataron a las personas y cómo se preservó el planeta para las futuras generaciones. Un legado duradero se construye con responsabilidad, con visión de largo plazo y con un compromiso genuino de mejorar el mundo. Es un testimonio de los valores y principios de quienes lo construyen, y su verdadero valor se mide en el impacto positivo que continúa teniendo incluso cuando sus creadores ya no están presentes.